Primera edición: 2025

© 2025. Arturo Gómez Quijano (Coordinador)
Ediciones Universidad de Navarra, S.A. (EUNSA)
Campus Universitario • Universidad de Navarra • 31009 Pamplona • España
+34 948 25 68 50• www.eunsa.es •eunsa@eunsa.es

ISBN: 978-84-313-4047-6
DL NA 1223-2025

Diseño de portada y editorial: Malinche Studio SL Printed in Spain - Impreso en España por Podiprint

Aristotelling!

El arte de la comunicación persuasiva

Arturo Gómez Quijano (Coordinador)

CONTENIDO.

PRÓLOGO

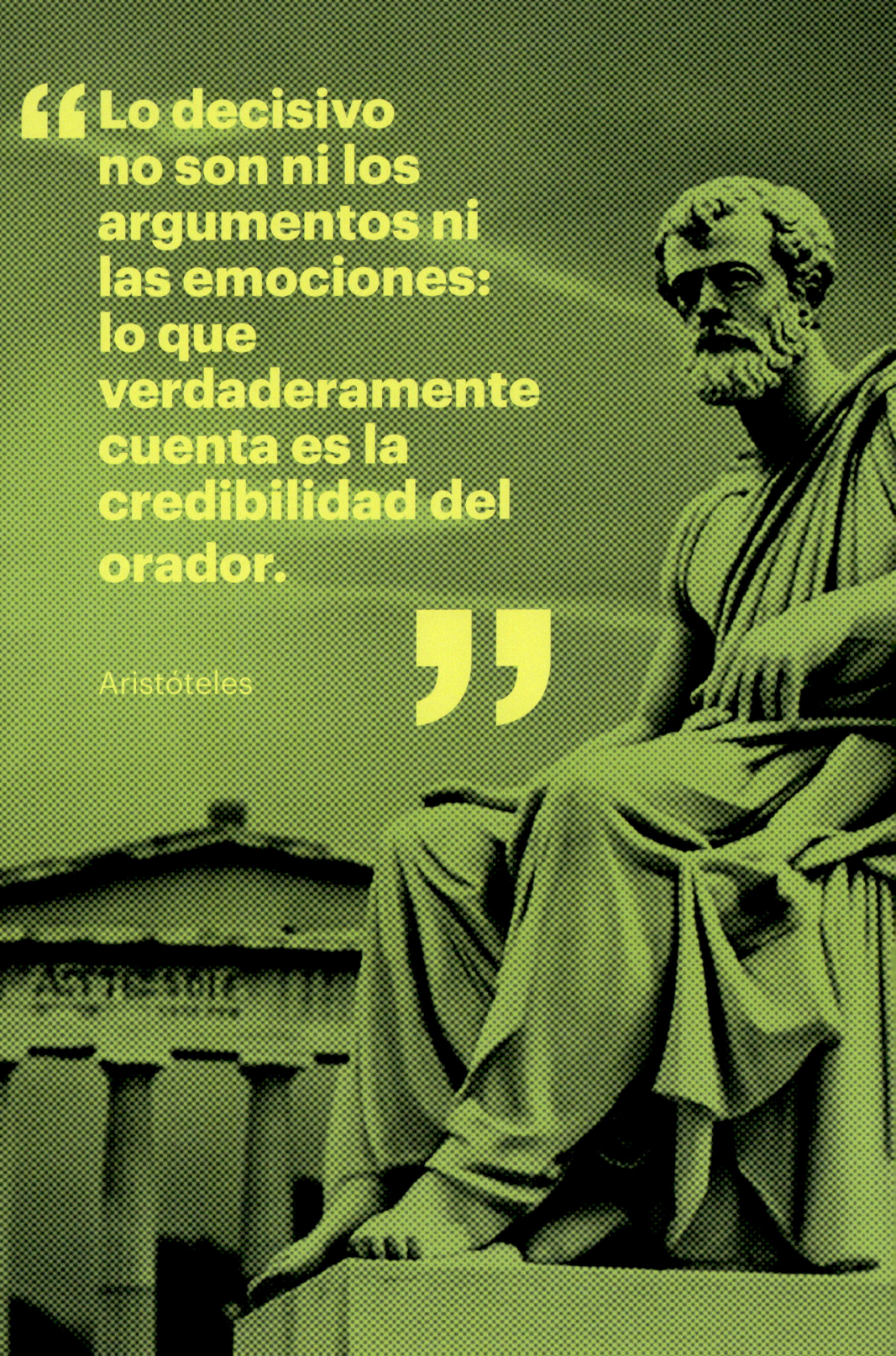

"Lo decisivo no son ni los argumentos ni las emociones: lo que verdaderamente cuenta es la credibilidad del orador."

Aristóteles

Prólogo

Atenas, finales del siglo IV a.C. Una ciudad-estado donde todo –desde un juicio a la elección de un puesto de gobierno, pasando por los ascensos en el ejército– se decidía por votación popular, tras escuchar los discursos de los distintos intervinientes. Fue el contexto adecuado para el nacimiento de una nueva profesión: la de los que ayudaban a que las peroratas públicas consiguieran votos. Su propuesta comercial podría resumirse en: **"Dime qué causa quieres defender, y yo te ayudo a ganar"**.

Estos "mercenarios de la palabra" ofrecían sus servicios retóricos al mejor precio. Un buen arranque de discurso, una secuencia que funciona, una historia que emociona, una poesía evocadora, una cadencia que hace más memorable el mensaje... y hasta un mote divertido al adversario, que lo ridiculizara.

Ante ellos, Aristóteles de Estagira se levantó para defender otro modelo de lo que hoy llamaríamos liderazgo. En el areópago, rodeado de sus conciudadanos, alzó la voz para clamar: "lo decisivo no son ni los argumentos ni las emociones: lo que verdaderamente cuenta es la credibilidad del orador. Por eso, no se puede defender cualquier causa, sino solo aquellas en las que el orador va por delante".

El estagirita etiquetó a esos retóricos a sueldo el adjetivo despectivo de "sofistas", expertos en utilizar argumentos engañosos ("sofismas") para persuadir a otros. Para Aristóteles, la persuasión era algo muy distinto: la habilidad del orador para convencer a otro a hacer algo porque era bueno para el que escucha, usando argumentos, mostrando su credibilidad y conectando emocionalmente.

Han pasado veinticinco siglos desde aquello, pero no ha cambiado nada. Hoy como entonces proliferan los que enseñan a hablar en público como si fuera una técnica desprovista de alma. Como si persuasión y manipulación fueran casi lo mismo.

En el libro que tienes entre las manos defendemos lo contrario: que las habilidades persuasivas son una parte importante de un buen liderazgo, que se caracteriza por una mentalidad de servicio a los que le escuchan. Quien sabe liderar no "manda", imponiendo su visión usando la fuerza de su cargo, el dinero o el miedo, sino que persuade (el "poder suave") para que la gente siga sus recomendaciones libremente. Una habilidad que tiene su punto de fuerza en la ética, que es la raíz de la credibilidad.

Ciertamente, en estas páginas encontrarás estructuras que funcionan, consejos útiles para acuñar un buen mensaje, y recomendaciones sobre el lenguaje verbal y el corporal. Son consejos que provienen de la práctica acumulada de los autores, todos ellos expertos formadores de directivos. Los recomendamos porque funcionan, pero no son recetas de carácter mágico. Funcionan porque están enraizados en una visión antropológica del ser humano. Aristóteles fue ciertamente un gran retórico, pero sobre todo un gran filósofo.

De hecho, los autores de cada capítulo –profesionales de primer nivel– tienen cada uno su propio estilo, siguen un método que han acrisolado con el tiempo, y sus gustos y preferencias. Pero en esta obra esencial nos hemos puesto de acuerdo para apelar a los principios comunes de la retórica tal como la desarrolló Aristóteles de una manera orgánica.

Confiamos que sirva para cualquier lector, pero reconocemos que lo hemos configurado pensando principalmente en los participantes en los programas para directivos del IESE, la escuela de dirección de la Universidad de Navarra, donde impartimos los cursos de habilidades comunicativas. Es un libro hecho a muchas manos, tanto de los que los han escrito como de los demás, pues no había sitio para todos. Una obra colectiva del equipo que lleva muchos años formando a profesionales a ser mejores líderes tomando mejores decisiones, que siempre tienen un elemento de comunicación.

No hemos querido hacer teoría (hay magníficos libros sobre eso, algunos firmados por miembros del equipo) sino ofrecer un prontuario breve de lo esencial, al que acudir para preparar los ejercicios de nuestros cursos y al cual volver cuando en la vida profesional hayamos de lanzar una propuesta al comité directivo, unas palabras en una negociación difícil, una arenga ante un desafío peliagudo, o simplemente una historia simpática para celebrar un logro profesional o despedir a una persona querida.

Estamos seguros de que estos consejos te ayudarán, tanto si lo haces ya muy bien como si estás aún lejos de la excelencia. Lo importante es que nunca te rindas ni te des por satisfecho. Recuerda que hablar en público no es una cuestión teórica. Se parece a montar en bicicleta: algo de teoría siempre hay, pero sobre todo hay esfuerzo personal, empeño de mejorar en cada intervención, y practicar, practicar y practicar.

Por eso, si me permites un consejo, sigue las recomendaciones que encontrarás en este libro, pero no olvides lo principal. Algunos de los magníficos puñales fabricados en Toledo llevaban grabada esa leyenda: "No te fíes de mí si te falta corazón". Una buena comunicación viene de dentro, no es un disfraz sino un modo de ser y de dirigir.

Dr. Yago de la Cierva

Profesor Titular del Departamento de Personas en las Organizaciones del IESE.

Tras licenciarse en Derecho por la Universidad de Santiago de Compostela y doctorarse en Filosofía por la Universidad de Navarra, ha trabajado como periodista (fundador y CEO de la Agencia de Noticias ROME Reports TV), director de comunicación corporativa y profesor en diversas Escuelas de Negocios y de Comunicación en siete países. También realiza consultoría en Gestión de Crisis para empresas y organizaciones sin ánimo de lucro.

En el IESE, imparte asignaturas relacionadas con comunicación corporativa, gestión de crisis, relaciones con los medios, asuntos públicos y reputación, gestión de riesgos ESG y oratoria, en el MBA, el MiM, la formación ejecutiva y en programas a medida.

Comunicación. Algunos conceptos básicos

"Lo importante no es lo que dices, sino lo que la gente entiende."

Dr. Frank Luntz

La comunicación es el otro. Lo más importante no es lo que yo digo, sino lo que el otro entiende. Cuando cambia la audiencia, todo cambia. Conocerla es fundamental para una comunicación eficaz. IESE Business School, encuentro con profesores de Institució Familiar d'Educació, Barcelona, 10 de noviembre de 2018.

La comunicación es el otro

"No vamos a aceptar más donaciones". Médicos Sin Fronteras (MSF) hizo este sorprendente anuncio tan solo una semana después del desastre del tsunami que asoló el Océano Índico, en diciembre de 2004. Ya tenían todos sus programas suficientemente financiados para la emergencia en la región. La respuesta fue que MSF recibió 110 millones de euros, cuando 25 millones era el presupuesto previsto para financiar todos los proyectos del año siguiente[1].

La gente entendió que MSF era la organización con mayor credibilidad para enviar su dinero para ayudar en el tsunami. Su comunicado aumentó las donaciones, a pesar de que decían que ya tenían financiados todos sus proyectos, y que no aceptarían más fondos. Ese comunicado nos sirve para entender lo siguiente:

"La comunicación no es lo que yo digo; es lo que el otro entiende". Esta idea, tomada de Frank Luntz[2] nos ayuda a poner el centro de

---

1 https://www.msf.org/sites/default/files/2018-06/msf_tsunami_operations_overview_one_year_on.pdf
2 *La palabra es poder: lo importante no es lo que dices sino lo que la gente entiende*, es el título de uno de los *bestsellers* del Dr. Frank Luntz, La Esfera de los Libros, marzo, 2011.

nuestra comunicación no en mí, sino en mi audiencia. Además, en comunicación manejamos percepciones, más que hechos o datos.

En este capítulo aprenderás los conceptos clave de la comunicación efectiva: cómo poner el foco en la audiencia, los tres pasos del proceso comunicativo, los tipos de discurso y el arte de contar historias, la herramienta más poderosa de todas.

Centrados en el otro, tu comunicación debería tener tres pasos:

| ESCUCHAR | CONECTAR | COMPARTIR |

La habilidad clave es *escuchar*

La comunicación empieza en el otro, cuando alguien recibe algo. En comunicación persuasiva queremos que nuestra audiencia haga (o deje de hacer) algo que creemos que es bueno para ella, y bueno para nosotros. Pero esto no te va a ser sencillo.

Comunicar de manera efectiva no lo podremos hacer si no sabemos nada de nuestra audiencia. ¿Quiénes son?, ¿cuántos son?, ¿de dónde son?, ¿qué idioma hablan?, ¿qué edades o qué formación tienen...? Sin esa información no podrás conectar.

Conocer a la audiencia es la primera tarea. Lo llamamos: escuchar. Imagínate que quisieras atraer o enamorar a alguien. ¿Cómo prepararías tu encuentro con esa persona? Lo que necesita de ti, lo que le preocupa de ti, lo que le gustaría de ti. Piensa también en cómo te va a ver (percepciones) y en qué espera de ti (expectativas). Comunicar es como enamorarse: todo es el otro.

En el libro *El Arte de Presentar*[3] el autor nos propone "el mapa de las necesidades de la audiencia". Son ocho preguntas que te ayudarán a entender mejor la audiencia a la que te diriges. Contéstalas para preparar tu comunicación:

- *¿Cuántos son?*
- *¿Quiénes son?*
- *¿Por qué están aquí?*
- *¿Cuáles son sus inquietudes?*
- *¿Cómo puedo solucionar su problema?*
- *¿Qué quiero que hagan?*
- *¿Cómo puedo llegarles mejor?*
- *¿Cómo podrían resistirse?*
- *¿Qué saben sobre el tema?*

Conectar en tres planos

Ahora que ya conoces a tu audiencia puedes pasar al siguiente paso. Esta comprensión te va ayudar a conectar mejor. La conexión con tu audiencia debes hacerla en tres niveles:

- *Te tiene que entender lo que le dices (racional).*
- *Le tienes que tocar con lo que dices y con cómo lo dices (emocional).*
- *Te tiene que creer y confiar en lo que le dices (credibilidad).*

Conectar con la mente de quienes te escuchan para que te comprendan mejor. Usa imágenes y conceptos que les ayuden a entender lo nuevo, por referencia a lo que ya conocen. El mensaje debe estar bien explicado y argumentado. La idea que propongas debes respaldarla con otras ideas. El ejemplo de Médicos sin Fronteras aumentando sus ingresos diciendo que no podían aceptar más donaciones, explica la idea abstracta de que la comunicación no es lo que tú dices sino lo que el otro entiende.

Pon el termómetro a tu audiencia para conocer su *temperatura emocional*. ¿Qué emociones están presentes?, ¿cuál es la predominante?, ¿cómo se siente el público en ese momento? Imagínate por un momento que te diriges a una audiencia que está muy enfadada, y

---

3 *El arte de presentar: Cómo planificar, estructurar, diseñar y exponer presentaciones*, de Gonzalo Álvarez Marañón, Gestión 2000, mayo 2012.

tú no lo sabes. ¿Podrías conectar con ella? Seguramente sería difícil. De joven trabajé en una gira de conciertos con un cantante que era muy conocido. El escenario era mi responsabilidad. Él siempre me preguntaba antes de salir, "¿cómo está el público?". Yo era su termómetro emocional.

Pregúntate también qué credibilidad tienes:

- *¿Qué autoridad tengo para hablarle a esta audiencia?*
- *¿Por qué se tienen que creer lo que yo les digo?*
- *¿Qué les tendría que dar para conseguir que hagan algo?*

Si hablas delante de alguien, tu credibilidad siempre está en juego. En la portada del libro de Frank Luntz que te he citado, la primera palabra que aparece es "Dr.". ¿O es que acaso es lo mismo Frank Luntz que Dr. Frank Luntz, a la hora de respaldar el contenido de un libro de comunicación? ¿O es que es indiferente que en esa misma portada diga: *"New York Times Bestseller"*? Ese libro, y no otro, lo recomienda el diario más prestigioso del mundo; ese libro es el que más gente ha comprado. Establece tu credibilidad. Presenta tus logros. Haz que otros te presenten. Enseña tus credenciales para estar ahí delante del público. Te darán crédito y respaldarán todo lo que digas.

Compartir el último paso que materializa la comunicación

Si has hecho adecuadamente los pasos anteriores, aquí podrás conseguir lo que buscas.

Compartir es esencial en comunicación, porque este es precisamente su objetivo. Tienes que compartir algo que realmente tenga valor si quieres que tu comunicación sea efectiva. No para ti, sino para tu audiencia. Imagínate que alguien te dice que te va a enseñar una manera de ganar tu primer millón de euros. ¿Le prestarías atención?

Es en escuchar, en el primer paso, donde has tenido que salir con una idea clara de lo que es relevante para tu público. La pregunta general que debería orientar siempre tu comunicación es:

- *¿Qué tengo yo relevante para mi audiencia? ¿Qué tengo yo, de valor, que mi público aprecie?*

Qué quiero conseguir con mi comunicación

Lo atractivo debes utilizarlo para captar la atención; lo relevante, para ser efectivo. En un entorno tan saturado de mensajes vacíos triunfarás si tu mensaje es atractivo y relevante para tu público. Pero pregúntate también qué cambio quieres provocar en tu audiencia:

- *En su conocimiento:*   *¿Qué quiero que **SEPAN**?*
- *En su percepción:*   *¿Qué quiero que **SIENTAN**?*
- *En su comportamiento:*   *¿Qué quiero que **HAGAN**?*

Si quieres que la gente sepa algo le tendrás que dar datos. ¿Es esto todo lo que quieres que sepan? Si quieres que tu público sienta algo, tendrás que compartir tus emociones, atributos, valores... ¿Cómo quieres hacerles sentir? Si quieres que tu audiencia haga o deje de hacer algo, tendrías que darle incentivos para ello. ¿Qué ganarán ellos si hacen lo que tú dices?

Los lenguajes de la comunicación

"¡Te voy a matar!" Como bien sabes, la comunicación no puede ser solo verbal. Si solo usas el lenguaje verbal tu comunicación será incompleta y, por tanto, no será efectiva. Piensa en un mensaje solo de texto en WhatsApp: "No vuelvas a hacerme esto. ¡Te voy a matar!". En la cultura española este podría ser un mensaje cariñoso de alguien que nos ha perdonado un error importante. Pero en otras culturas, el mensaje podría recibirse como muy agresivo y violento. Necesitamos conocer el tono, el contexto. Necesitamos verle la cara al otro para entenderlo mejor. Si vieras en ella una ligera sonrisa, el mensaje se podría entender de otra manera.

Pregúntate:

- **Qué digo** *(las palabras que estás usando, el lenguaje **verbal**).*
- **Cómo lo digo** *(el contexto de lo que dices, el lenguaje **paraverbal**).*
- **Qué hago** *(tu comportamiento que también es mensaje, el lenguaje **no verbal**).*

Por medio de los tres recibimos el mensaje y, casi con toda seguridad, el que más información contiene es el no verbal. Cuando nos relacionamos con otros, nuestro comportamiento, tiene valor de mensaje. Esto es lo que lleva a Paul Watzlawick[4] a afirmar que "no es posible no comunicar". Piensa por un momento que siempre estás comunicando, aunque no digas ni una palabra. La ausencia de comportamiento es también un mensaje.

Los tutoriales de YouTube son un ejemplo claro de la eficacia de usar, en una misma comunicación, todos los lenguajes. Mi madre, de 85 años, los usa cuando no tiene claro cómo hacer una receta de cocina. Mi hijo, de 23 años, los usa cuando no entiende cómo se instala un software. Acudimos a ellos para entender mejor algo, porque lo explican (verbal) y, además, se ve cómo se hace (no verbal). Recuerda: para ser efectivo, usa siempre todos los lenguajes de la comunicación.

La potencia de la comunicación: *la unidad*

Una vez dominados los distintos lenguajes, el siguiente reto es alinear tu mensaje. Si algo puede darle más potencia a tu comunicación es la unidad. Pero ¿qué es unidad?

Unidad es hacer tres cosas:

- *Elige una única idea y busca tres argumentos que la respalden* **(estructura).**
- *Repite esa misma idea en todas partes, adaptada a cada medio* **(repetición).**
- *Trata de que haya pocas diferencias entre lo que dices y lo que haces* **(coherencia).**

En comunicación **solo cabe una idea**. Una sola idea. Si hay más de una idea, perderá efectividad. Imagínate que, sin previo aviso, tu profesor te llama a la pizarra y te lanza siete pelotas de papel al aire, y te dice que las intentes atrapar todas. Lo más probable es que consigas agarrar solo una o ninguna. Si el profesor lo hiciera con el resto de tus compañeros de clase pasaría lo mismo. Pero cada uno atraparía una pelota distinta. Por contra, si te lanzara solo una única bola de papel tendrías muchas más posibilidades de capturarla. Lanzar muchas ideas en un mensaje es garantía de confusión.

---

4 *No es posible no comunicar*, de Paul Watzlawick, Herder Editorial, enero 2014.

Otra de las cualidades que hacen efectiva la comunicación es la **repetición**. ¿Cómo aprendemos a hablar? Por repetición. Y... ¿un idioma extranjero? Por repetición. ¿Cómo aprendemos a sumar, a multiplicar, a cantar, a rezar...? Por repetición. La repetición es imprescindible en comunicación. Fíjate que, en publicidad, bien sea en televisión, en radio, en prensa, en redes sociales, siempre nos repiten el mismo anuncio. Se trata de repetir la misma idea, sin cambiarla, pero adaptada a las características de cada uno de los medios.

Por último, **coherencia**. Imagínate que escuchas a tu jefe decir, en la cena de Navidad de la empresa, que "las personas son el mayor tesoro de esta organización". Sin embargo, ese mismo jefe, te hace la vida imposible, te trata muy mal en el trabajo durante los restantes doscientos veinte días del año, ¿con qué mensaje te quedas? ¿A cuál de los dos le das más credibilidad? Pues eso. Antes de dirigirte a alguien piensa si tu comportamiento con esa persona es coherente, si está diciendo lo mismo que lo que van a decir tus palabras.

Pero esa única idea potente, que necesitas para tu comunicación, te va a costar tiempo y esfuerzo encontrarla. Como además habrá otras ideas, tendrás que organizarlas:

- *Busca una única idea principal, de gran valor e interés para compartir con tu audiencia (**relevancia**).*
- *Organiza todas las ideas. La idea principal tiene que ser más importante que las secundarias que uses para respaldarla (**jerarquía**).*
- *Pon en línea las ideas secundarias con la principal, que no haya dudas o contradicciones entre ellas (**alineación**).*

Tres tipos de discurso

Después de entender que tienes que escuchar, conectar y compartir. Tras haber sido consciente del cambio que quieres provocar en tu audiencia. Cuando ya sabes que tienes para ello tres tipos de lenguaje, y que la unidad de tu comunicación es muy importante. Entonces, ya solo te falta una pregunta por hacerte:

- *¿Cómo les podría llegar mejor?*

Ha llegado el momento de pensar qué tipo de discurso más adecuado para cada situación:

- *Si hay argumentos que pueden soportar tu propuesta para convencer a la audiencia: usa el **discurso racional.***
- *Si tu experiencia y autoridad respaldan el cambio que estás pidiendo a tu público: prepara un **discurso de credibilidad.***
- *Si la audiencia está embargada por una emoción predominante: necesitarás un **discurso emocional.***

Pero piensa que, realmente, no hay discursos puros. La mayoría de las veces utilizarás una combinación de los tres. La recomendación es que, en función de las circunstancias, elijas una estructura que sea la dominante. Si es un discurso racional, tendrás que establecer tu credibilidad y necesitarás conectar emocionalmente con la audiencia. En los siguientes capítulos te explicaremos cómo hacerlo.

Y una gran herramienta: *el arte de contar historias*

En cualquiera de estos tres tipos de discurso (racional, de credibilidad o emocional), cuentas con la herramienta más potente desde que empezó la comunicación humana: el arte de contar historias *(storytelling)*. Este instrumento te ayudará, mejor que ningún otro, a captar la atención, a visualizar tus ideas, y a explicar tus mensajes.

Pero este manual no solo pretende enseñarte técnicas. Queremos ayudarte a transformar tu manera de comunicar. Con la ayuda de expertos excepcionales que compartirán su experiencia contigo. Para tu reflexión. Para que encuentres tu estilo propio, personal, auténtico. Para tu acción. Para que hagas de tu comunicación una herramienta más efectiva, que impacte de manera real y duradera, y te ayude a conseguir aquellos objetivos que te propongas.

Dr. Arturo Gómez Quijano

Docente y emprendedor en comunicación, con más de 40 años de experiencia profesional. Doctor y licenciado en Ciencias de la Información por la Universidad Complutense, PDD por IESE Business School.

Actualmente, imparte formación de grado y postgrado en Universidad Complutense de Madrid, IESE Business School, ESIC Business & Marketing School, ICEX- Universidad Internacional Menéndez Pelayo, Universidad del Sagrado Corazón de Puerto Rico, y Colegio de Estudios Superiores de Administración (CESA) de Colombia.

Ha escrito 7 libros y 7 casos sobre comunicación, negocio, y desarrollo profesional. Ha formado profesionales en España y en otros 16 países.

El mensaje.
El poder en la
comunicación

" Lo bien que comunicamos no se determina por lo bien que decimos las cosas, sino por lo bien que se nos entiende. "

A Way to Learn · A World to Change.

Andrew Grove

En la clausura del curso de Communications Skills del MIM 2025 de IESE, el alumno Bhargav Varma Vegesna lo hizo todo bien; la comunicación verbal y la no verbal. Pero lo que hizo levantar de sus asientos y aplaudir a sus 140 compañeros y profesores fue su mensaje: "si yo he podido conseguirlo, vosotros también podéis". Él era su propio mensaje. © Arturo Gómez Quijano

El poder del mensaje en la comunicación

Cuando hablamos de comunicación, solemos centrarnos en la forma: el tono de voz, el lenguaje corporal, las palabras. Aunque estos elementos son importantes, lo esencial es **el mensaje**. Es el núcleo que da sentido a todo lo demás: no solo lo que decimos, sino la intención detrás.

La forma importa, sí —está demostrado que el lenguaje no verbal transmite más que las palabras—, pero lo crucial es que todos los elementos sean coherentes con el mensaje. Sin esa coherencia, surge la confusión o la desconfianza. Pensemos en alguien que habla de la importancia de sonreír con el ceño fruncido. **¿Qué impacto tiene?**

Antes de preparar un discurso, es clave preguntarse: ¿qué mensaje quiero transmitir realmente? Y, más aún: **¿por qué es importante**

27

para quien me escucha? Si el mensaje no conecta con los intereses del público, pierde fuerza, por muy lógico o bien formulado que esté.

Una vez que tenemos respuesta para esa cuestión, estamos en disposición de preparar nuestro mensaje. Y para hacerlo no podemos olvidar que el secreto de cualquier buen discurso es un mensaje claro y directo.

En definitiva, un mensaje es eficaz cuando es claro, directo, inspirador, coherente y relevante. Es en esa conexión entre lo que el emisor quiere decir y lo que el receptor necesita oír donde nace la verdadera comunicación.

Para ayudarte en este proceso, hemos creado una guía en cuatro pasos para construir presentaciones con impacto y lograr que tu mensaje llegue con claridad y fuerza a la audiencia.

4 Claves para un discurso que conecta

01 CONOCE A TU AUDIENCIA

Antes de hablar, escucha. Investiga quiénes son, qué les interesa, qué les preocupa.

02 ELIGE LOS ARGUMENTOS ADECUADOS

Lo que debe importarles. Usa datos, historia o ejemplos que les hablen directamente.

03 IDENTIFICA EL PROBLEMA Y DEFINE EL OBJETIVO

¿Qué vienes a resolver? Aclara qué conflicto, duda o necesidad vas a abordar.

04 ELABORA UN DISCURSO IMPACTANTE

Estructura + ritmo + lenguaje Captura la atención desde el principio y mantén el interés hasta el final.

Fuente: Claudio Hernández Olalla.

1 - Conocer a la audiencia: el primer paso de una comunicación eficaz

Como se ha mencionado en el capítulo anterior de este libro, en toda comunicación, lo más importante no es lo que decimos, sino a quién se lo decimos.

No entraremos en profundidad en este punto por esa razón, pero a modo de resumen conviene tener claro que un discurso bien estructurado pierde impacto si no está alineado con quienes lo escuchan. Por eso, conocer a la audiencia es el verdadero punto de partida.

Adaptar el discurso no solo mejora su eficacia: también humaniza la comunicación. Nos recuerda que no hablamos para nosotros mismos, sino para generar un impacto real en quienes escuchan. Y cuando el mensaje conecta con la audiencia, las palabras alcanzan su verdadero poder.

2 - Elegir los argumentos adecuados: el arte de hablarle a quien escucha

Una vez que comprendemos quién es nuestra audiencia, el siguiente paso fundamental en la preparación de cualquier discurso o presentación es la selección de los argumentos. No se trata simplemente de elegir las ideas que nosotros consideramos más importantes, sino de identificar aquellas que tendrán mayor resonancia e impacto en las personas que tenemos enfrente.

Y es que no todas las personas procesan la información de la misma manera. Lo que convence a unos, deja indiferentes a otros. Por eso, uno de los secretos de la comunicación persuasiva es saber cómo adaptar los argumentos al perfil cognitivo y emocional del público.

En líneas generales, podemos distinguir tres grandes tipos de audiencia, según la forma en que tienden a valorar la información que reciben:

- **Personas orientadas a los datos**: Este tipo de público necesita evidencia objetiva y verificable. Valora los números, los estudios, los gráficos, las estadísticas y todo aquello que aporte rigor y objetividad al mensaje. Para ellas, las afirmaciones sin respaldo empírico carecen de fuerza. Son personas que no se convencen fácilmente con frases inspiradoras, sino con hechos concretos.

- **Personas orientadas a la experiencia**: A estas personas les impactan más los ejemplos reales, las historias personales, las anécdotas que ilustran una situación concreta. Valoran lo vivido, lo que se puede visualizar o imaginar. Un testimonio bien contado puede tener, para ellas, más peso que una tabla de datos. La empatía, en este caso, es una herramienta poderosa.

- **Personas orientadas a la autoridad**: Este grupo otorga credibilidad a los argumentos que provienen de voces expertas o de instituciones reconocidas. Cuando una afirmación está respaldada por una figura de referencia, por una entidad prestigiosa o por alguien con autoridad moral o técnica, adquiere mayor validez. Citar a un premio Nobel, a un líder respetado o a un organismo oficial puede marcar la diferencia.

En la práctica, la mayoría de las audiencias combina estos tres perfiles en distintos grados. Por ello, lo más efectivo suele ser construir un mensaje que integre distintos tipos de pruebas: una cifra bien elegida, una historia conmovedora y una fuente confiable pueden trabajar en conjunto para reforzar el impacto del discurso.

La clave está en observar, escuchar y adaptar. Si estás hablando ante un equipo técnico, probablemente deberás apoyarte más en datos y evidencias. Si te diriges a una comunidad educativa o a un grupo de voluntarios, tal vez lo emocional y lo vivencial tengan más peso. Si el contexto exige respaldo institucional, la referencia a la autoridad será esencial.

Elegir los argumentos adecuados no es solo una cuestión de contenido, sino de estrategia comunicativa. Es un gesto de respeto hacia la audiencia y una muestra de inteligencia emocional del orador.

Porque cuando hablas en el lenguaje que el otro entiende, cuando te tomas el tiempo de pensar cómo piensa tu interlocutor, tus palabras no solo se oyen: se comprenden, se valoran y, en el mejor de los casos, se recuerdan.

3 - Identificar el problema y definir el objetivo: dar dirección y propósito al discurso

Hablar en público no es simplemente transmitir información. Es, ante todo, un acto de transformación. Un buen discurso no se limita a exponer ideas: busca provocar un cambio, despertar una conciencia, generar una reflexión o impulsar una acción. Para lograrlo, necesita estar orientado. Es decir, debe responder con claridad a tres preguntas fundamentales:

A. ¿Qué problema tiene la audiencia?

B. ¿Qué solución propones como orador?

C. ¿Qué acción esperas que tomen quienes te escuchan?

Estas preguntas no solo ofrecen estructura y claridad al mensaje, sino que le otorgan sentido. Porque cuando un discurso parte de una necesidad real —aunque aún no haya sido nombrada por el público— y avanza hacia una solución concreta, la conexión es inmediata. El mensaje deja de ser abstracto para convertirse en algo útil, pertinente y transformador.

A. Identificar el problema

Muchas veces, el público siente una incomodidad, pero no la ha verbalizado. El orador eficaz sabe poner en palabras ese malestar, necesidad o contradicción. Nombrar el problema con precisión genera conexión: "Eso es justo lo que me pasa".

B. Proponer una solución

Tras describir el problema, llega el momento de ofrecer una respuesta concreta. Puede ser una idea, una herramienta o un enfoque, pero debe ser comprensible, realista y aplicable. Las soluciones vagas no movilizan; las claras, sí.

C. Invitar a la acción

Un buen discurso no se queda en la reflexión: llama a actuar. Ya sea cambiar una creencia o tomar una decisión, la acción debe ser clara. Esa es la clave para dejar huella y transformar.

Un discurso efectivo es un viaje con sentido: parte de un problema, ofrece una solución y conduce a una acción. Esta estructura guía tanto al orador como a la audiencia, y da fuerza y coherencia a todo el mensaje.

D. Claves para elaborar un mensaje impactante: cómo hacer que tus ideas dejen huella

Un discurso eficaz no se limita a transmitir información. Su objetivo va más allá: debe capturar la atención, despertar interés, mover emociones y, sobre todo, quedarse en la memoria de quienes lo escuchan.

Para lograrlo, el mensaje necesita algo más que contenido sólido; requiere forma, intención y una cierta sensibilidad narrativa. En otras palabras, no basta con qué dices: importa, y mucho, cómo lo dices. A continuación, exploramos algunos elementos esenciales que transforman un mensaje correcto en un mensaje impactante, capaz de conectar con la audiencia y dejar una huella duradera:

- **Claridad**: El mensaje debe poder resumirse en una sola frase. Si no se entiende rápido, no se recordará. Hablar claro es un acto de generosidad.
- **Concisión**: Menos es más. Eliminar lo innecesario y hablar con precisión demuestra respeto por la atención del público.
- **Lenguaje simple**: Las ideas profundas pueden expresarse con palabras sencillas. Hablar claro no es simplificar: es comunicar bien.
- **Historias**: Las historias conectan, humanizan y se recuerdan. Son el mejor vehículo para que las ideas cobren vida.
- **Visualización**: Activar la imaginación con imágenes, metáforas o recursos visuales ayuda a fijar el mensaje.

- **Emoción**: Lo que emociona, se recuerda. Hablar desde la autenticidad genera cercanía y conexión.
- **Sorpresa**: Lo inesperado despierta interés. Una frase provocadora o un giro narrativo puede marcar la diferencia.
- **Motivación**: El mensaje debe responder al "¿para qué me sirve esto?". Si aporta valor, tendrá impacto.

Mención aparte merece uno de los elementos diferenciales que hacen del mensaje algo memorable e impactante en la audiencia: **los soundbites.**

Un *soundbite* es una frase breve, precisa y memorable, que resume una idea clave y ofrece a la audiencia una guía para recordar lo esencial, incluso cuando los detalles se desdibujan. Es como un destello de claridad en medio del discurso, una chispa que enciende la atención y se graba en la memoria, especialmente útil cuando la audiencia se ha desconectado. No necesita ser brillante ni rebuscado: solo necesita decir mucho en muy poco.

A continuación se exponen algunos ejemplos de *soundbites*. Como podremos ver, aunque por norma general los *soundbites* son breves, no en pocas ocasiones se ven con mayor extensión, pero igualmente impactantes y memorables:

- *"Ser claro no es opcional, es esencial".*
- *"No te preguntes qué puede hacer tu país puede hacer por ti, pregúntate qué puedes hacer tú por tu país".* J.F. Kennedy.
- *"Una historia bien contada vale más que cien datos bien dichos".*
- *"Nadie nace odiando a otra persona por el color de su piel, su origen o su religión. La gente aprende a odiar. También se les puede enseñar a amar".* Nelson Mandela.

Un mensaje impactante no nace por casualidad. Es fruto de la intención, de la escucha y del cuidado en cada palabra. Porque cuando hablamos con claridad, con emoción y con propósito, nuestras ideas no solo se entienden: se sienten, se recuerdan y, muchas veces, se transforman en acción.

Conclusión: la huella de un buen discurso

Comunicar bien no es solo hablar bien. Es comprender, conectar, construir sentido y dejar una huella. A lo largo de estas claves hemos recorrido los pilares esenciales de un discurso que realmente impacta: conocer a la audiencia, elegir los argumentos adecuados, identificar el problema y definir el objetivo, y construir un mensaje claro, relevante y memorable.

Cada paso es una invitación a ir más allá de lo superficial. A hablar con intención. A dejar de centrarse únicamente en la forma para dar protagonismo a lo que verdaderamente importa: **el valor del mensaje**. Porque cuando la comunicación está bien pensada, cuando el contenido se adapta a quien escucha y se expresa con autenticidad, incluyendo *soundbites* memorables, ocurre algo poderoso: el discurso deja de ser un monólogo y se convierte en un acto de encuentro.

En definitiva, comunicar con impacto no es cuestión de talento, sino de preparación, empatía y propósito. Y cuando un mensaje nace desde ahí, tiene el poder de cambiar no solo lo que las personas piensan, sino también lo que hacen.

Material de referencia

Videos:

• Harrison Ford sobre el cambio climático:
https://www.youtube.com/watch?v=VAX7Qz8uO7A

• Susan Cain sobre el poder de los introvertidos:
https://www.youtube.com/watch?v=cOKYU2jOTM4&list=PLNToFzk_WOHstp1tZxxL8TSxLkO_3_wW6&index=3&pp=iAQB

Ejemplo:

¿Qué historia quieres que cuente tu cuerpo dentro de 10 años?

¿La historia de alguien que se rindió ante la falta de tiempo, el estrés, la comodidad? ¿O la historia de alguien que, a pesar de todo, eligió cuidarse, eligió fortalecerse, eligió respetar su vida?

Porque el cuerpo habla. Habla hoy. Y hablará mucho más fuerte mañana.

Cada día que pasa sin moverte, cada semana que decides posponerlo, tu cuerpo lo siente, aunque tú todavía no lo notes. Hasta que un día, sin avisar, aparece: en una lesión, en un cansancio que no se va, en una enfermedad que te recuerda lo que no quisiste ver.

¿Y sabes qué es aún más impactante? Que los cirujanos, cuando abren un cuerpo en una operación, pueden saber en segundos si esa persona hizo deporte en su vida. No es magia. Lo ven en la calidad de los músculos, en la resistencia de los tejidos, en la vitalidad de cada célula.

Un cuerpo ejercitado es como una huella: deja escrito el compromiso que tuviste contigo mismo, aunque tú ya no puedas hablar.

Hacer ejercicio no es un extra. No es un capricho. No es algo "que haré cuando tenga más tiempo".

Hacer ejercicio es un acto de respeto. Respeto a tu salud. Respeto a tu futuro. Respeto a las personas que te quieren y que querrán verte fuerte y presente durante mucho, mucho tiempo.

No se trata de entrenar tres horas al día. No se trata de correr maratones. Es algo mucho más sencillo. Se trata de entender que tu cuerpo es tu primer proyecto, tu primer negocio, tu primer hogar. Y si no lo cuidas, todo lo demás tarde o temprano se desmorona.

Así que hoy, cuando termines de escucharme, pregúntate otra vez:

¿Qué historia quiero que cuente mi cuerpo dentro de 10 años?

Porque la buena noticia es que aún estás a tiempo de escribirla como quieras.

Cada sesión que sudes, cada músculo que actives, cada kilómetro que camines o corras, estará sumando. No a tu apariencia. A tu vida.

La diferencia entre los que mañana estarán limitados y los que mañana estarán libres... se empieza a construir hoy.

Tú eliges.

Pero recuerda: **el cuerpo que cuides hoy... será el que te salve mañana.**

Claudio Hernández Olalla

Tras licenciarse en Administración y Dirección de Empresas por la Universidad Pontificia Comillas de Madrid, Claudio comenzó su carrera como consultor de estrategia y operaciones (Deloitte y NTT Data).

Posteriormente, se incorporó a ISS España, donde desempeñó diversas funciones. En 2022, fue nombrado responsable de Formación y Desarrollo.

Claudio también trabaja como consultor, formador y coach ejecutivo en su propia empresa, Create Talent.

Se graduó del Executive MBA de IESE en 2020, donde colabora regularmente como profesor de Comunicación. Claudio está certificado como coach ejecutivo por la International Coaching Federation (ICF ACC).

03.

Logos.
El discurso
racional

"No tengo nada que ofrecer sino sangre, esfuerzo, lágrimas y sudor. "

Winston Churchill

El templo griego era una construcción religiosa, la más importante e influyente de toda la arquitectura de la antigua Grecia. Sus proporciones, su elegancia y belleza, la han hecho perdurar hasta nuestros días. Desde hace 2.500 años se ha utilizado como modelo para templos, iglesias, bibliotecas, teatros, museos, o parlamentos. En la imagen el templo romano de Augusto en la ciudad de Pula (Croacia). © Arturo Gómez Quijano

Logos. El templo más sólido para hablar en público

El *logos* es la estructura en la que el orador es menos relevante. Y, al mismo tiempo, es esencial que tenga claro el objetivo que desea lograr con ese discurso. El discurso *logos* es el discurso racional por esencia, que se utiliza para transmitir conocimientos. No se persuade por la emoción o con figuras retóricas sino con evidencias racionales.

En el *logos* la misión del orador es transmitir pruebas y proponer un cambio a la audiencia. Para que la audiencia tome la decisión de aceptar la propuesta, el orador aporta los datos relevantes para que la audiencia decida. Por eso también lo llamamos "el discurso del experto". De ahí que, el discurso racional funciona correctamente cuando se aportan pruebas concluyentes y fiables que apoyan una propuesta.

41

Estructura del *logos*

El *logos* se asemeja a un templo griego, que perdura en el tiempo, a través de los siglos. Todo está ordenado de forma sistemática y clásica. Su belleza radica en las proporciones.

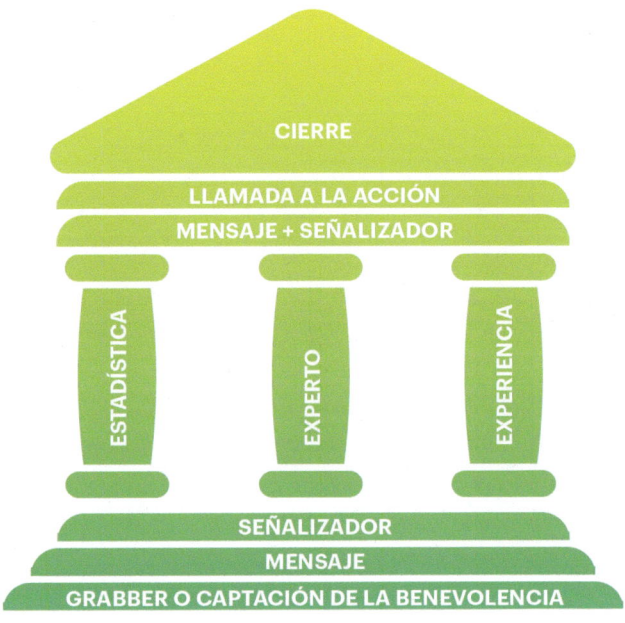

Todo discurso puede compararse con un cuerpo humano: tienes los huesos o el esqueleto, los músculos y la piel. Los huesos constituyen la estructura. La misión del esqueleto es dar fuerza y proporción a todo el cuerpo.

¿Y cómo es el esqueleto del discurso *logos*?

1. *Grabber* o captación de la benevolencia

El orador necesita captar la atención de la audiencia y que quiera otorgarle un tiempo para que plantee una propuesta. El *"once upon a time"*, comienzo de cualquier historia, se descompone en cuatro elementos con los que introducimos a la audiencia en nuestra historia: momento y lugar en el que sucede, situación normal y complicación que deja a los oyentes pendientes de un hilo, o con suficiente curiosidad como para pedir que continuemos.

Te pongo un ejemplo: "Hace tres años me encontraba en mi despacho en la Torre Espacio, planta 24. Miraba por el ventanal la sierra de Madrid nevada, satisfecho. Recientemente me habían nombrado director del departamento financiero. Entonces sonó el teléfono. Era mi jefe. –Carlos, ven a mi despacho. Inmediatamente me levanté y me acerqué. –Quiero que mañana presentes las cuentas anuales en el Consejo de Administración porque necesitamos que se incremente el presupuesto. La vista se me nubló y los 24 pisos me parecieron un abismo. Nunca había sido capaz de hablar en público y ahora mi jefe depositaba toda su confianza en que yo convenciera a esa panda de vejestorios...".

¿Qué te parece? Existen otros modos de iniciar un discurso *logos*: con una pregunta retórica que involucra a la audiencia, compartiendo un dato curioso, con una cita sugerente de una persona, pero las historias son habitualmente la mejor opción.

La base del discurso así comenzado es lo suficientemente sólida como para pasar al segundo punto.

2. Mensaje

El orador lanza la idea principal. La propuesta que pone en consideración de sus oyentes. Si el *grabber* requiere captar la atención, el mensaje necesita que sea muy comprensible. Ocho palabras. No más: sujeto, verbo y predicado. Tiene que ser breve. Claro. Conciso. Directo.

Un ejemplo: "Los colegios deben enseñar a hablar en público".

Un mensaje así de unívoco no se puede interpretar en un sentido diferente al que pretendes. Otra cosa es que hayas logrado convencer a la audiencia sobre el mensaje. Ese camino comienza ahora.

3. Señalizador

El *signpost* (o señalizador) se dice en cinco segundos, pero requiere de unos cuantos minutos de reflexión. Porque la oratoria se emplea para lograr que quien te escucha cambie una percepción o modifique una pauta de comportamiento. Es decir, que pase del punto A al punto B. Y eso a veces cuesta. Primero hay que convencerles de los motivos y luego hay que motivarlos para que quieran realizar el esfuerzo.

Por eso el orador, en la preparación del discurso, debe investigar qué beneficios van a obtener los oyentes al admitir su propuesta. Es bueno plantearse cinco, diez, veinte. Y elige tres. No más. La "triada" funciona bien en oratoria porque cualquiera lo puede recordar.

Con frecuencia se relata que Winston Churchill convenció a la ciudadanía británica sobre la necesidad de involucrarse más en la Segunda Guerra Mundial con un discurso en el que prometió "sangre, sudor y lágrimas". Fue ese, sí. Pero lo que afirmó es "No tengo nada que ofrecer sino sangre, esfuerzo, lágrimas y sudor". Cuatro cosas, que la historia –o la memoria colectiva– redujo a tres.

Pues bien. En este paso el orador debe seleccionar tres beneficios y nombrarlos cada uno de ellos con una única palabra. Memorable, sonora a ser posible. Que encierre un premio en su interior.

Por ejemplo: "empleo, seguridad e internacionalidad".

Ojo, todavía no has convencido a nadie. Es más, alguno puede ser que esté torciendo el morro. Por eso necesitas compartirles, cuanto antes, el peso de las evidencias.

4. Las tres "E". Las columnas del templo

Aquí llega la clave del discurso *logos*. La solidez del templo griego se sustenta sobre estas tres columnas, las tres evidencias. Las tres "E". la estadística, el experto y la experiencia.

Hasta el momento el orador debe pensar que parte de la audiencia es escéptica respecto a lo que pretende quien habla. Por eso, el orador va a plantear los argumentos de peso. El trabajo del orador consiste aquí en seleccionar argumentos que además supongan un beneficio palpable para la audiencia. Porque una cosa es que nos den la razón y otra, diferente y más complicada, es que quieran cambiar su comportamiento. Lo harán si de esa manera ellos obtienen una ganancia. Así que las tres evidencias deben ser tres beneficios.

El primero se dirige especialmente a los racionales. Se trata de mostrar una estadística –citando el dato y la fuente– que sustenta el argumento. Si seguimos con el ejemplo, y el primer *signpost*: "Según un estudio de la Universidad de Harvard, publicado en 2024, la habilidad en la forma de expresarse oralmente incrementa en un 85"% la posibilidad de conseguir el empleo".

Decíamos antes que parte de la audiencia puede no creer del todo al orador. La habilidad persuasiva en este punto consiste en decir una frase de un experto con mucha autoridad, que afirme lo mismo que el orador pretende exponer. "Según fulanito –experto de PISA en el área lingüística–, los alumnos que aprenden oratoria desde los tres años logran una seguridad casi innata para intervenir en entornos complejos".

Por último, es habitual que –entre las personas que nos escuchan– haya algunos gregarios. Es decir, actúan si ven que otros lo han hecho antes y les ha beneficiado. Por eso, la tercera columna es la de la "experiencia". Consiste en relatar un ejemplo, propio o ajeno, que confirme la veracidad de nuestra exposición. Por ejemplo, "el grupo de colegios X adoptaron la asignatura de oratoria hace cinco años y han obtenido unos resultados académicos llamativamente superiores en comprensión lectora en las pruebas del Bachillerato internacional, que han facilitado que sus alumnos accedan a universidades de otros países".

De esta forma, con las tres evidencias, el orador acaba de convencer a la audiencia de que su mensaje es válido, bueno y relevante. Ahora falta... lo más importante.

5. Mensaje-señalizador

Como habitualmente el orador dedica a las tres evidencias un tiempo mayor que al resto de elementos del *logos*, ahora debe preparar la conclusión. Debe por tanto repetir el mensaje y el *signpost* "Por aumentar el empleo, la seguridad e internacionalidad, los colegios deben incorporar la oratoria en su currículo". ¿Y ya? No. Queda la confirmación del éxito del discurso.

6. Punto X - Llamada a la acción (*Call to action CTA*)

Anteriormente he explicado que el orador habla para lograr que el público cambie una percepción o adopte un comportamiento. Lo particular del discurso *logos* es que el orador debe comprobar in situ si lo ha conseguido o ha fracasado.

Por eso, el cierre tiene dos partes. Una primera en la que pregunta si aceptan la propuesta, por ejemplo, con una pregunta o una orden: "Levantad la mano los que queréis que os facilite el material para introducir la materia de oratoria en vuestro colegio". Si levantan la mano la mayoría sabrá que ha triunfado. Si no... tendrá que depurar el discurso.

7. Cierre - Omega

La segunda parte del cierre Aristóteles lo denomina "omega" (última letra del alfabeto griego, que se entiende como final). Une el cierre con el comienzo, para confirmar la decisión que ha tomado la audiencia. Por ejemplo, si en el relato inicial hemos contado la historia personal de un fracaso al hablar en público en una reunión profesional, podemos decir: "Estoy convencido de que si los colegios de nuestra ciudad imparten la asignatura de oratoria, en el futuro los niños no sufrirán la vergüenza que pasé en aquella reunión en la que, por no saber hablar en público, perdí un proyecto tan importante. Muchas gracias".

Utiliza esta estructura como si fuera una plantilla. ¿Has visto el dibujo del templo arriba? Te aconsejo que la imprimas y escribas en los espacios para acostumbrarte a seguirlo paso a paso. Más adelante lograrás una soltura como para alterar alguno de los elementos, pero si quieres hablar con solidez y convencer con tus evidencias, el logos es infalible.

Un ejemplo de discurso *logos*

Maty Tchey, gran formadora en oratoria, que colabora con IESE, tiene este video (https://youtu.be/lcaZwAriE2o) en el que usa la estructura *logos* para convencernos de la bondad del teletrabajo.

Otros ejemplos: mi compañero de docencia en el IESE, Claudio Hernández, tiene un video (https://youtu.be/KuvWksds9v4) sencillo y muy gráfico, dentro de una lista (https://www.youtube.com/playlist?list=PLdESe5mqoK_EoSFIE83WVcZWzu7OBMO6I) de cinco vídeos más de otras personas (en inglés), que además incluye una explicación de Conor Neill, profesor de oratoria del IESE.

Rafa Martín Aguado

Rafa Martín Aguado es socio de Rommel & Montgomery, consultora especializada en el sector educativo y también de Enigmia, una empresa que analiza la reputación corporativa mediante la inteligencia artificial. Su carrera profesional se ha centrado en la comunicación corporativa, especialmente en el ámbito digital.

Imparte docencia en programas de comunicación en el IESE y en posgrado de la Universidad Villanueva.

Licenciado en Periodismo por la Universidad de Navarra, máster en Comunicación Institucional y Política por la Universidad Carlos III y Executive Media MBA por la Universidad de Navarra.

47

04.

Problema-Solución. La estructura híbrida

"La persuasión se produce por medio del discurso cuando demostramos la verdad, o lo que parece ser la verdad, partiendo de lo que resulta convincente en cada caso."

Aristóteles

(Retórica", Libro I, capítulo 2)

¡Houston, tenemos un problema! Y también una solución (por suerte)

Dentro de las estructuras aristotélicas, la estructura Problema–Solución habita justo entre el *Logos* y el *Ethos*. Como buen discurso racional, se apoya en datos, lógica y análisis. Al mismo tiempo, construye credibilidad: quien identifica un problema real y propone una solución efectiva, gana autoridad ante su audiencia.

Es decir, no basta con tener razón (*Logos*), también hay que demostrar que uno sabe de lo que habla, se ha tomado el tiempo de comprender el contexto y actúa con criterio (*Ethos*). Esta mezcla es poderosa, porque no sólo convence a la audiencia, le da razones para confiar en ti.

¿Por qué Problema–Solución es "la Beyoncé de las estructuras"?

Porque brilla, conquista y tiene presencia escénica. Entre todas las formas de organizar un discurso, la estructura Problema–Solución es la que más mueve a la acción. Activa dos resortes irresistibles: la incomodidad y la promesa de alivio.

Es la diva que no necesita gritar para captar atención: muestra el dolor... y ofrece la cura. Con ella, no solo informas, transformas. Por eso, si quieres convencer y generar acción, esta estructura es tu aliada con ritmo y carisma.

Cuando alguien se sienta a escucharte, rara vez piensa "qué maravilla, tengo tiempo libre y me encanta oír problemas ajenos". No. Pero si le muestras que hay algo que le afecta (o afectará pronto), y que tú traes la llave para solucionarlo... se queda. Y te escucha.

Es como una película buena: empieza con un lío y se queda con nosotros hasta que se resuelve. El público no quiere teorías, quiere transformación.

El mapa del tesoro: las partes clave

El discurso con esta estructura se despliega como una buena historia: empieza con un conflicto, sigue con tensión y termina con la solución. Aquí están sus partes esenciales:

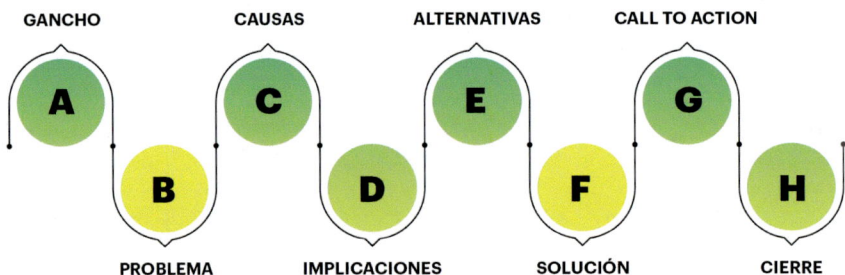

GANCHO	CAUSAS	ALTERNATIVAS	CALL TO ACTION
A	C	E	G
B	D	F	H
PROBLEMA	IMPLICACIONES	SOLUCIÓN	CIERRE

A. El gancho inicial: para captar la atención

B. Problema: qué pasa y por qué es importante

C. Causas: de dónde viene el problema

D. Implicaciones: qué pasa si no se hace nada

E. Alternativas: lo que se ha intentado

F. Solución: tu gran propuesta

G. Call to Action: lo que deben hacer ahora

H. Cierre: lo que quieres que recuerden

A. El gancho: capta la atención... ¡no dejes que se desconecten!

Aquí no hay segundas oportunidades. Si no conquistas en los primeros 20 segundos, el móvil gana.

¿Y cómo competimos contra el móvil? Con un gancho que despierte atención. Uno de esos que hace que alguien levante la mirada del WhatsApp y piense: "Ojo, esto me interesa".

Opciones hay muchas, pero estas cuatro nunca fallan (si se usan bien):

• Un dato que sorprenda

"Un adulto toma más de 35.000 decisiones al día. No es que estemos cansados... es que nuestro cerebro merece vacaciones permanentes".

• Una pregunta que sacuda

"¿Te has preguntado alguna vez cuánto tiempo de tu vida se va en reuniones que podrían resolverse con un mensaje de voz?"

• Una historia personal con emoción

"El día que casi pierdo un cliente por decirle que 'ya le mandaba el informe' y olvidarlo por completo... aprendí que mi cerebro necesita alarmas hasta para respirar".

- Una frase con humor elegante

"Hoy quiero hablaros del crimen silencioso de nuestras oficinas: el aire acondicionado en modo Ártico mientras ahí fuera hay 38 grados".

¡¡Boom!! Ya te prestan atención.

B. El problema: ¿dónde duele?

Una vez que has captado la atención, no puedes desaprovecharla. Llega el momento de presentar el problema. Pero no cualquier problema: uno que duela. Que afecte. Que importe. Porque si no lo sienten, no lo compran.

La clave está en hacer tangible lo que a veces se presenta como abstracto.

No digas: "Hay un problema de comunicación interna".

Mejor di: "En esta empresa, los equipos se enteran de los cambios por rumores de pasillo... o casi peor, por LinkedIn".

Algunos consejos prácticos:

- Sé específico. Evita las generalidades del tipo "en la sociedad actual..."
- Conecta con la experiencia cotidiana
- Usa ejemplos reales y breves
- Aporta contexto sin convertirlo en cátedra

Y una advertencia importante: no dramatices de más. La intención es generar conciencia, no desesperación.

Además, nada de buscar culpables. Este no es el momento para señalar con el dedo, sino para levantar la ceja con elegancia.

Porque cuando presentas el problema de forma clara, concreta y relevante, estás abriendo la puerta a algo muy poderoso: la necesidad de cambio.

C. Las causas: la raíz del asunto

Vale, ya sabemos que hay un problema. Pero ¿de dónde viene? ¿Cómo hemos llegado hasta aquí? Es hora de escarbar un poco. Sin convertirte en detective dramático, pero sí en alguien que entiende las raíces del lío.

Tu papel: mostrar las causas con claridad, honestidad... y sin repartir culpas como si esto fuera una reunión de vecinos enfadados.

Algunas claves:

* Explica el origen del problema sin sonar a manual

* Utiliza datos, si los tienes, y hazlo con propósito

* Si puedes contarlo con una mini historia, mejor

"Cuando el nuevo sistema de turnos se implantó, nadie explicó nada. Solo llegó un Excel confuso y una frase: 'Ya os iréis organizando'. Y así empezó el caos..."

Este no es el momento de señalar culpables. Es el momento de entender lo que pasó para no repetirlo. Es el momento de mirar hacia adelante, no de quedarse atascado en el "quién tuvo la culpa".

Mostrar las causas no es abrir heridas, es preparar el terreno para la cura. El objetivo no es regodearse en el pasado, sino justificar con lógica por qué necesitamos una solución nueva.

D. Implicaciones: el futuro que (no) queremos

Ya hemos visto el problema y sus causas. Ahora toca mostrar qué pasará si no hacemos nada. Aquí entra en juego una herramienta poderosa: la anticipación de consecuencias.

No se trata de asustar, pero sí de dejar claro que la inacción tiene un precio.

El truco está en pintar un futuro creíble, directo y emocionalmente incómodo. No hace falta exagerar. Basta con ser honestos y específicos.

Algunas estrategias:

• Describe escenarios concretos

"Dentro de seis meses seguiremos trabajando con el mismo sistema... y perdiendo clientes por errores evitables".

• Hazlo visual

"Es como vivir al pie de un volcán que lleva años temblando. Parece que no pasa nada... hasta que pasa. Y entonces, ya es tarde".

• Conecta emocionalmente

Pero cuidado: esto no es un discurso apocalíptico. No conviertas las implicaciones en profecías de destrucción total. El objetivo no es que la gente se levante y grite "¡Estamos perdidos!", sino que piense: "Vale, esto hay que cambiarlo ya".

• Y como cierre:

"Podemos ignorarlo ahora... pero mañana las consecuencias no nos van a ignorar a nosotros".

E. Alternativas: lo que se ha intentado... sin éxito (o con limitaciones)

Antes de presentar tu brillante solución, es buena idea mostrar que conoces lo que ya se ha hecho. Que has explorado otros caminos. Que no vienes a inventar la rueda.

Es importante porque construye tu credibilidad. Demuestra que no te lanzas con una ocurrencia feliz, sino que entiendes el terreno, conoces las otras opciones... y, aun así, apuestas por algo diferente.

Algunas claves para abordar esta parte con elegancia:

• Muestra respeto por otras propuestas

• Destaca por qué no han funcionado del todo

"Muchos intentaron resolverlo implantando más controles... pero eso solo generó más burocracia y menos motivación".

• Utiliza frases tipo:

"Una opción común ha sido..."

"Se ha probado X, que tiene ventajas, pero..."

"Esta solución funcionó un tiempo, hasta que..."

- Y recuerda: no critiques, contrasta. No se trata de ser el salvador que dice "todos estaban equivocados", sino quien dice: "he aprendido de lo que ya se ha intentado... y por eso propongo algo mejor".

F. Tu solución: tu momento brillante (sin parecer la salvadora del mundo)

Ahora sí. Es el turno de tu propuesta. La gran idea. La solución que, después de todo lo anterior, cobra sentido, lógica... y hasta atractivo.

Pero cuidado: aquí no se trata de vender una panacea milagrosa, ni de entrar en modo PowerPoint con listas interminables. Lo importante es explicar qué propones, cómo funciona y por qué es la mejor opción en este contexto.

Recomendaciones para que esta parte brille de verdad:

- Sé clara. Evita tecnicismos innecesarios o conceptos abstractos

"Propongo algo tan simple como establecer una reunión de 15 minutos los lunes para evitar 10 correos durante la semana".

- Conecta tu solución con todo lo anterior

Si has hecho bien tu trabajo, esta propuesta debe sentirse inevitable.

- Y si esperas objeciones, anticípalas

"Puede que pienses que esto ya se intentó antes... pero la diferencia está en cómo se aplica y con qué compromiso".

- Y antes de cerrar esta sección, no olvides dejar claro qué se perdería si no se aplica esta solución: "Sin este sistema, perderemos nuestra rapidez, nuestro valor... y seremos un equipo prescindible".

Mostrar lo que está en juego es otra forma de decir esta solución no es opcional, es necesaria.

G. *Call to action*: mueve a la acción (sin empujar)

Un discurso sin una acción clara, concreta y muy simple es como una carta a los Reyes Magos: llena de buenos deseos, pero sin garantía de entrega. O como una conga de unicornios: bonita, sí, pero no lleva a ninguna parte.

Has captado la atención, has mostrado el problema, lo has desmenuzado, has propuesto una solución convincente... y ahora viene una parte esencial: decirles qué hacer.

Aquí es donde necesitas una llamada a la acción concreta, realista y motivadora.

Consejos para construirla:

- Sé específica. Nada de "reflexionad sobre esto".
- Ponle una fecha. Cuanto más inmediato, mejor. "Empezamos este mismo viernes".
- Que parezca alcanzable. "Con 15 minutos podemos ponerlo en marcha".
- Enfócalo como experimento. "Probémoslo durante una semana y veamos qué cambia".

La llamada a la acción no tiene por qué ser grandiosa, pero sí tiene que ser clara. No dejes la puerta entreabierta. Ábrela de par en par y señala el camino.

Ejemplo: "Durante los próximos cinco días, aplicad esta rutina con vuestro equipo. Después, comparad el antes y el después. Os aseguro que lo vais a notar".

Este es tu momento de empuje suave. No gritas "¡Vamos ya!", pero sí dejas claro que lo lógico ahora es actuar.

H. Cierre: deja una huella (no un resumen)

Has llevado a tu audiencia por un recorrido bien trazado. Empezaste con fuerza, planteaste un problema real, desentrañaste sus causas, ofreciste una solución convincente y los invitaste a actuar.

Ahora, toca cerrar. Y no, cerrar no es repetir todo lo anterior como si estuviéramos en una redacción de instituto. Es el momento de dejar una huella emocional o intelectual. Una idea que se les quede pegada como el último acorde de una canción.

Formas de cerrar con fuerza:

* Deja una pregunta abierta

"¿Qué pasaría si, por una vez, todos hiciéramos algo distinto... y funcionara?"

* Usa una imagen poderosa

"No hace falta apagar volcanes, basta con saber leer las señales antes de que empiecen a rugir".

* O una frase con flow

"Convencer no es imponer. Es iluminar un camino que otros quieran seguir".

Cierra con intención. No como quien se despide con prisa, sino como quien apaga la luz suavemente, sabiendo que ha dejado algo encendido en la mente de los demás.

Para terminar...

Cuando comunicamos, no se trata sólo de convencer, se trata de transformar. Y la estructura Problema–Solución nos ayuda a ello. Aprender a utilizarla con maestría es aumentar un grado nuestra credibilidad como líderes.

¡A por ello!

Un ejemplo: "La trampa de los lunes sin rumbo"

Gancho:

¿Cuántos de vosotros habéis empezado la semana apagando fuegos... sin saber siquiera qué incendio estabais intentando apagar?

Problema:

Cada lunes, nuestros equipos llegan sin una idea clara de cuáles son las prioridades de la semana. Eso genera confusión, tareas duplicadas... y estrés innecesario.

Causas:

No tenemos un sistema ágil para alinear nuestros objetivos semanales. Confiamos en que cada uno *'ya sabrá lo que toca'*, pero no siempre es así.

Implicaciones:

Y si seguimos así, seguiremos perdiendo foco, calidad y motivación. Cada semana será más reactiva y menos estratégica.

Alternativas (ya probadas):

Probamos a enviar emails de objetivos. Pero nadie los leía. Hicimos un Excel compartido. Nadie lo consultaba y acabó desactualizado.

Solución:

Vamos a hacer una reunión de 15 minutos todos los lunes a las 9:30. Máximo tres puntos clave por equipo. Ni uno más. Solo prioridades y responsables. Los revisaremos el lunes siguiente para ver el progreso y estableceremos los nuevos objetivos de la nueva semana.

Call to action:

Empezamos este próximo lunes. Ya he bloqueado el hueco en la agenda y he reservado sala de reunión. ¡¡Sin excusas!! En 3 semanas, el último lunes de mes, medimos si ha habido impacto.

Cierre:

A veces, cambiar los lunes... cambia toda la semana.

Links interesantes relacionados:

1. Anne Morriss – "5 pasos para arreglar cualquier problema laboral" (TED Talk). https://www.ted.com/talks/anne_morriss_5_steps_to_fix_any_problem_at_work?language=es

2. Ingrid Kuster - "¿Cómo solucionar un conflicto con técnicas de mediación?" (TED Talk) https://www.ted.com/talks/ingrid_kuster_como_solucionar_un_conflicto_con_tecnicas_de_mediacion

3. Andrew Ng – "AI isn't the problem — it's the solution" (TED Talk) https://www.ted.com/talks/andrew_ng_ai_isn_t_the_problem_it_s_the_solution

Pilar Bringas

Es speaker internacional, autora de varios libros y consultora especialista en persuasión ética y ciencia del comportamiento aplicada a los negocios.

Traduce los principios de la ciencia de la influencia en herramientas prácticas para que líderes, equipos comerciales y organizaciones logren más "síes" con menos resistencia, siempre desde la ética y el propósito.

Licenciada en Ciencias económicas y empresariales, máster en Marketing y PDG por IESE, es profesora de Comunicación y Marketing en IESE Business School y en la Universidad Complutense.

Ethos.
El discurso de la credibilidad

El liderazgo sin integridad es como confiar en un mapa falso: puede llevarte a cualquier parte, pero no donde deberías estar.

Warren Bennis.

(On Becoming a Leader, 1989)

El presidente y CEO de Marriot, Arne Sorenson, dirigiéndose a los públicos internos de la cadena hotelera en plena crisis de la Covid 19.

Ethos. El discurso de la credibilidad

El 20 de marzo de 2020 Arne Sorenson, presidente y consejero delegado del grupo hotelero Marriott International se disponía a grabar en vídeo la comunicación más difícil de su vida.

Mientras su equipo afinaba los detalles técnicos de la grabación, especialmente el encuadre (debatían cuán cerca debía ser el plano de la cara de Arne), pensaba en cómo iba a gestionar la enorme emoción que sentía en aquellos momentos.

Todo estaba listo. Y todos estaban listos para el rodaje, quizá todos menos él, pero en el momento de empezar a hablar el sentido del deber fluyó desde el interior hacia el exterior. Las dos cámaras dispuestas para captar sendos ángulos empezaron a grabar:

"Hola, asociados de Marriott. Vengo a ofrecerles una actualización sobre el impacto del Coronavirus o Covid-19 en nuestro negocio y comentarles los pasos que estamos tomando como respuesta a esta crisis.

Debido al profundo impacto que Covid-19 está teniendo en muchos de nosotros en todo el mundo, este es el mensaje más difícil que nos ha tocado preparar. Nuestro equipo estaba un poco preocupado por hacer un vídeo ahora, debido a mi calvicie: Permítanme decirles que mi nuevo aspecto es, exactamente, lo que se esperaba como resultado de mis tratamientos médicos. Me siento bien y mi equipo y yo estamos 100"% enfocados en superar la crisis que enfrentamos".[1]

Este arranque del discurso fue fundamental para establecer su credibilidad. Arne sorprendió a los asociados de Marriott con su imagen, calvo y con un color de piel un tanto amarillento. Pocos sabían que estaba sometido a un tratamiento de quimioterapia por cáncer de páncreas. De hecho, falleció 11 meses después de este discurso, cuyo fin era explicar con transparencia cómo la cadena hotelera estaba afrontando las medidas relacionadas con la pandemia del coronavirus.

Su equipo de comunicación había discutido si debía hacer referencia o no a la enfermedad que sufría, aunque realmente era difícil de ocultar que algo le pasaba a Arne. Al confesarlo logró dos impactos: el primero, sinceridad; y el segundo, transmitió con el ejemplo que, a pesar de su estado físico, estaba al frente del negocio en circunstancias tan desafiantes.

Esta intervención pasará a la historia como uno de los mejores ejemplos de comunicación de crisis. Contiene algunos elementos claves para generar credibilidad: apertura, información clara y certera, sinceridad y valores. El primer ejecutivo de Marriott reforzó su liderazgo justo cuando más falta hacía.

Los ingredientes de la confianza

En inglés, la palabra *trust* tiene una doble connotación: credibilidad y confianza. Entendida como una emoción, la confianza es la creencia o la seguridad en alguien o algo, que implica la expectativa de

---

1 Mensaje enviado por el presidente y CEO de Marriott, Arne Sorenson, a los empleados, accionistas y asociados de la cadena hotelera el 28 de marzo de 2020. https://www.youtube.com/watch?v=LgAMdCV9fxc

que se comportará de manera positiva o que se puede depender de ella para lograr algo. Se crea mediante la combinación de cuatro ingredientes: competencia, sinceridad, credibilidad y cercanía.

En el arte de la retórica, competencia es hablar de lo que sabes, es decir, conocimiento técnico de la materia. Es un ingrediente bastante objetivo, pues para un experto en una materia resulta fácil descubrir si su interlocutor domina el tema del que habla.

Si la competencia es "pensar lo que se dice", la sinceridad es "decir lo que se piensa". Este componente de la confianza es un tanto intuitivo, pues no resulta fácil adivinar lo que piensa realmente una persona, especialmente en los tiempos de descrédito general que vivimos.

La credibilidad depende del histórico de la persona. Se genera con el tiempo. Si una persona cumple sus promesas, tendrá credibilidad. Si no las cumple, carecerá de ella. La credibilidad se construye y, como la reputación, es fundamental conservarla. Emana del pasado, de lo que hemos hecho y de cómo lo hemos hecho.

Finalmente, la cercanía es un ingrediente fundamental en un entorno comunicativo que está plagado de postureo. Este término que significa "actitud artificiosa e impostada que se adopta por conveniencia o presunción" fue admitido por la Real Academia Española (RAE) a finales de 2017, al mismo tiempo que el de "posverdad". Es una prueba de su abundante uso, especialmente en el ámbito de las redes sociales. En contraste con el artificio, cercanía y calidez conectan con la autenticidad de la persona, un valor en alza ante la superficialidad que caracteriza al entorno comunicativo.

La generación de confianza y, por ende, de credibilidad es el objetivo del discurso que en la retórica aristotélica se conoce como *"ethos"*. Junto con el *logos* (apelación a la razón) y el *pathos* (apelación a las emociones), el *ethos* es uno de los tres modos de persuasión propuestos por Aristóteles.

El ethos se refiere a la credibilidad moral e intelectual del orador, es decir, a la imagen que proyecta desde su pensamiento y su obra ante la audiencia. Como señala Aristóteles en *Retórica*, "debemos creer más en los hombres buenos que en los demás"[2]. Esta perspectiva denota que la efectividad del mensaje depende, en gran medida, de la percepción ética y profesional del emisor.

2 Aristóteles. *Retórica*. Alianza Editorial.

En el contexto empresarial, esta dimensión cobra especial importancia, dado que la reputación y la confianza son activos que impactan directamente en la legitimidad y la influencia.

El *ethos* no es un atributo estático, sino una construcción discursiva que debe ser cuidadosamente elaborada. En el entorno corporativo, se logra mediante la demostración de competencia técnica, integridad moral y conexión empática con los interlocutores.

Un líder empresarial que comunica con claridad utiliza datos relevantes y reconoce las preocupaciones de su equipo no solo transmite información, sino que construye una presencia confiable. A través del tono, el lenguaje y la coherencia entre el mensaje y la conducta, se fortalece una imagen que facilita la persuasión efectiva.

Además de su manifestación en el discurso, el *ethos* está muy influido por la trayectoria del orador. La reputación organizacional y personal, junto con el historial de decisiones éticas, influyen positivamente en la disposición del público para confiar en una propuesta.

La estructura: pasado, presente, futuro

Sin embargo, incluso sin una reputación establecida, es posible desarrollar *ethos* en tiempo real mediante argumentos bien estructurados, la inclusión de referencias o testimonios creíbles, y un estilo comunicativo que denote apertura y respeto.

Esta construcción constante del *ethos* es especialmente relevante en contextos multiculturales o de alta incertidumbre, donde la legitimidad se vuelve un factor clave de éxito.

El orador tiene que traer de su pasado la experiencia y los aprendizajes. Tan importante es lo que ha conseguido como el cómo lo ha conseguido. En el cómo descansan las conductas, que es la mejor forma de acreditar los valores de la persona. En consecuencia, la forma más sencilla de estructurar un discurso tipo "*ethos*" es empezar por el pasado, aplicar los aprendizajes de ese tiempo a una situación o desafío presente y proyectar un buen futuro.

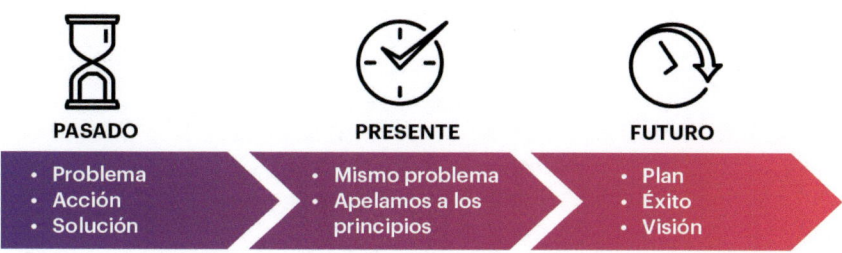

He aquí un ejemplo de discurso de credibilidad o liderazgo que sigue la estructura propuesta:

"Compañeros, lleváis un rato pensando porque os he convocado a esta reunión sin formular claramente el motivo u objetivo. ¿Es así? ¿Qué pasa por vuestras cabezas? ¿Una crisis? ¿Una subida de sueldo? Ni lo uno ni lo otro. Os he convocado para transmitiros que el comité ejecutivo nos ha pedido que reduzcamos un 20% los costes de personal en el presupuesto del próximo ejercicio. Ya veo las caras de frustración, preocupación y pereza.

Quiero recordar que hace cuatro años nos reunimos en esta misma sala para abordar la crisis provocada por el confinamiento que provocó la pandemia de la Covid 19. Recuerdo esas mismas caras, en las que prevalecía la preocupación. Teníamos que cerrar temporalmente todas nuestras tiendas, someter al 80% de la plantilla a un ERTE, reforzar el equipo de venta online y establecer los sistemas para mantener la comunicación con la plantilla, con nuestras personas, en una circunstancia tan difícil.

Y lo logramos. ¿Cómo lo logramos? En primer lugar, pensando en que lo más importante era la salud de las personas y que nuestra primera obligación era cuidarlas. En segundo lugar, determinando qué era lo esencial y prescindiendo de todo lo demás. En tercer lugar, fortaleciendo nuestros sistemas de comunicación interna.

Nos ha costado digerir las pérdidas provocadas por aquella crisis. Sin embargo, hoy somos una organización más eficiente, más resiliente y más compenetrada.

Si ahora, ante el reto que se nos plantea, aplicamos los mismos principios que entonces, estoy seguro de que lograremos alcanzar la meta. ¿Cómo lo vamos a hacer? Pues cuidando a las personas. Reduzcamos costes, no personas. Revisemos en profundidad todas las partidas presupuestarias y cuestionemos cómo hacemos algunas cosas. Estoy seguro de que hacemos algunas cosas que no aportan un gran valor por mera inercia. E impliquemos a nuestros equipos explicándoles con transparencia qué tenemos que hacer, cómo lo vamos a hacer y qué se espera de nosotros.

Si hoy somos capaces de reducir, mañana tendremos credibilidad para ampliar nuestro presupuesto. Manos a la obra".

El líder ofrece una visión del futuro

En la mañana del 3 abril de 1968, Martin Luther King llegó al aeropuerto de su ciudad natal, Atlanta, para tomar el vuelo que lo llevaría hasta Memphis (Tennessee), donde iba a pronunciar un discurso en defensa de los derechos civiles de la población negra.

King había estado en Memphis la semana anterior para apoyar la huelga de los trabajadores negros del servicio de recolección de basura de la ciudad. Ellos exigían mejoras en sus condiciones de trabajo. No podían acceder a las duchas, porque estaban reservadas para los conductores blancos. Tampoco contaban con un lugar para refugiarse en los días de lluvia, entre otras cosas. Ahora volvía para reafirmar su mensaje activista.

Mientras se acomodaba en el asiento, vio como la tripulación de la aeronave se movía de un lado a otro. De pronto, irrumpieron policías con perros de rastreo. Había una amenaza de bomba dirigida contra él. Todos los pasajeros fueron conminados a evacuar el avión con celeridad. Finalmente, no había bomba. El vuelo llegó con una hora de retraso a su destino. No era la primera vez que lo amenazaban, pero King quedó preocupado.

Esa noche, en el templo Mason pronunció uno de sus discursos más vibrantes. En el clímax dijo con voz exaltada:

"Como a cualquier persona me gustaría vivir una vida larga, pero eso no me preocupa ahora, yo solo quiero hacer la voluntad de Dios, y él me ha permitido subir a lo alto de la montaña, he mirado y he visto la tierra prometida. Puede que no llegue allá con ustedes, pero quiero que ustedes sepan esta noche que nosotros, como pueblo, llegaremos a la tierra prometida. Así que esta noche estoy aquí feliz, no me preocupa nada, no temo a ningún hombre. Mis ojos han visto la venida de la gloria del Señor".[3]

A la mañana siguiente, 4 de abril, Martin Luther King cayó asesinado por las balas disparadas por un delincuente común, James Earl Ray, cuando se dirigía a sus seguidores desde el balcón del Motel Lorraine. En su última prédica dejó un magnífico ejemplo de un discurso de credibilidad, un mensaje de futuro para sus seguidores "Nosotros, como pueblo, llegaremos a la tierra prometida".

Un líder siempre te ofrece la visión de un futuro por el que merece la pena luchar. De hecho, el fin de un discurso en formato ethos es que sigan a la persona. Ahí radica su poder: la credibilidad de la persona se trasladará a sus argumentos y los hará más eficientes. De hecho, el exfutbolista Jorge Valdano sostiene que "el que gana la credibilidad ahorra palabras".

La película *La búsqueda de la felicidad* ofrece uno de los finales más emotivos de la historia del cine. El protagonista, Chris Gardner, interpretado por Will Smith, celebra la consecución de un trabajo tras una búsqueda plagada de frustraciones y tropiezos.

---

3 Último discurso de Martin Luther King (3 de abril de 1968). https://www.youtube.com/watch?v=zgVrlx68v-0

Su éxito comenzó a fraguarse en la primera entrevista que tuvo en la firma, a la que se presentó sudado y manchado de pintura. Su sinceridad fue determinante para generar credibilidad en sus interlocutores.[4]

A la audiencia le gustan los finales felices. En un discurso ethos el futuro es ese final feliz en el que confluyen los esfuerzos de un pasado cuyo beneficio no radica en lo que ha ocurrido, sino en lo que hemos aprendido y en las conductas que hemos exhibido y que acreditan los valores morales que nos guían.

4 Escena de la película "En busca de la felicidad" (2006).
https://youtu.be/UUDKEbX5OQw?si=tRjdxtzooz634Oz7

José Manuel Velasco

Ha sido el primer español en desempeñar la presidencia de la Global Alliance for Public Relations and Communication Management, la federación mundial de asociaciones de comunicadores y entidades académicas, de cuyo comité ejecutivo sigue formando parte como Immediate Past Chair.

Anteriormente fue presidente de la Asociación de Directivos de Comunicación (Dircom) y del Foro para la Gestión Ética (Forética). Periodista de formación y con una gran experiencia en comunicación, actualmente se dedica a la formación de directivos en comunicación y liderazgo.

06.

Pathos.
El discurso
emocional

"La emoción es la chispa que enciende la atención, y sin atención no hay aprendizaje."

Elsa Punset

El discurso de *pathos*: hablar desde las emociones

"Un directivo de una empresa que fabricaba repuestos para automóviles recibió una llamada a medianoche: la fábrica estaba en llamas. Al llegar, vio a varios camiones de bomberos que trataban de apagar el fuego. Por la mañana, cuando apagaron el incendio, la fábrica estaba casi destruida. Este directivo reunió a sus equipos y a sus trabajadores y les dio un discurso emocional para levantarles el ánimo: les habló de todas las penurias que habían atravesado en el pasado para convertirse en una gran empresa. Les dijo que si trabajaban unidos podrían recuperarse en ocho meses. El discurso impactó tanto que se recuperaron en cuatro meses".

Un discurso bien dado puede movilizar a las personas más que cualquier cosa en el mundo. Lo hemos visto en políticos, en generales, en empresarios, en directivas, en organizaciones...

Para crear ese puente entre el orador y la audiencia hay que saber tocar las fibras emocionales. Eso tiene un nombre: *pathos*. El término proviene del griego y significa "emoción", "pasión", "sufrimiento". Aristóteles lo incluyó como uno de los tres pilares fundamentales del discurso persuasivo, junto con el *logos* (razón) y el *ethos* (credibilidad moral del orador).

Pero ¿qué es realmente un discurso de *pathos*? ¿Cómo se construye? ¿Por qué algunos discursos logran erizar la piel, arrancar una lágrima o encender un aplauso espontáneo? Este capítulo no solo explica en qué consiste un discurso emocional, sino que ofrece herramientas concretas, ejemplos reales y ejercicios prácticos para que cualquier orador –ya sea político, académico, empresarial o familiar– sepa cómo activar esa dimensión humana que convierte las palabras en experiencia compartida.

Pathos es la vía directa al corazón. Es la conexión que va más allá del contenido, más allá del argumento, más allá de la forma. Es el contenido con alma. Y si se usa bien, puede transformar no solo un discurso, sino una audiencia entera.

Una guía para *pathos*

1. CONTEXTO / MOTIVO DEL ENCUENTRO
2. SENTIMIENTOS PERSONALES
3. SENTIMIENTOS DE LA AUDIENCIA
4. SIGNIFICADO Y VALORES
5. CAMINO A SEGUIR

1. Qué es el *pathos* y por qué funciona

El *pathos* no busca convencer, busca conmover. Apela a las emociones, a la sensibilidad, a la empatía del oyente. Si el *logos* responde a la pregunta "¿es lógico?", el *pathos* responde a "¿me conmueve?". Y en la mayoría de las decisiones humanas –especialmente las difíciles– lo que más pesa no es la lógica, sino el significado que asociamos a las emociones.

Numerosos estudios de neurociencia han confirmado que las emociones son esenciales para la toma de decisiones. Un discurso que logra activar emociones consigue atención, memoria y movilización. El *pathos* es, por tanto, no solo una estrategia estética, sino una herramienta estratégica de comunicación.

2. Cuándo usar un discurso emocional

Aunque cualquier discurso puede y debe tener un componente emocional, hay ocasiones en las que el *pathos* es el núcleo del mensaje. Algunos contextos ideales para discursos emocionales son:

- Brindis
- Funerales
- Inauguraciones
- Crisis
- Fiestas de despedida
- Cenas de despedida
- Celebraciones
- Desfiles militares
- Entregas de premios
- Bautizos
- Bodas
- Respuesta patriótica
- Misas
- Reuniones de club
- En memoria de...

- Funerales o despedidas

- Homenajes a personas o instituciones

- Discursos de victoria o derrota

Estos discursos motivacionales son muy adecuados en el deporte, en el mundo de la empresa o en la docencia. También en momentos de crisis o reconstrucción colectiva. Y se usan mucho en comienzos o cierres de ciclos significativos de universidades y organizaciones.

En todos ellos, el objetivo no es tanto informar, sino acompañar, unir, motivar o resignificar a un colectivo. El *pathos* se convierte en la forma de sostener el alma colectiva.

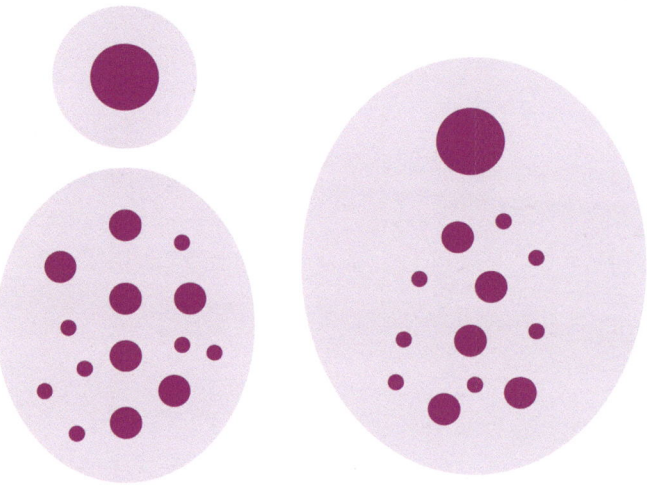

Relación del orador con la audiencia: a la izquierda es el discurso de logos, en el que el orador trata de argumentar algo a una audiencia a la que tiene que convencer. En la derecha, en el discurso de pathos, el orador y la audiencia forman un todo.

3. Una propuesta de estructura para el discurso *pathos*

Esta es una propuesta de estructura básica que puede ayudarte a generar impacto:

1. Contexto / Motivo del encuentro. Sitúa el momento y su relevancia emocional. Marca el tono humano del mensaje desde el inicio.

2. Sentimientos personales. Comparte una vivencia que muestre cercanía, vulnerabilidad o compromiso. Establece una conexión desde lo íntimo.

3. Sentimientos de la audiencia. Reconoce lo que el público siente o ha vivido. Hazles sentir que comprendes lo que están atravesando.

4. Significado y valores. Qué representa este momento, qué valores lo atraviesan, qué principios están en juego.

5. Camino a seguir Propón una llamada a la acción realista pero movilizadora, que transforme la emoción en propósito compartido.

Vamos a poner un supuesto ejemplo de Supermercados Alba:

Estamos aquí porque nos une algo más que un trabajo. Nos une una historia compartida, un propósito que va más allá de los números: alimentar con calidad, con cuidado, con responsabilidad. Hoy, como tantas otras veces, estamos ante un momento importante. Un cambio de organización. Y, como es natural, también ante ciertos miedos. (Contexto/Motivo del encuentro).

No sería la primera vez. Cuando llegaron las grandes superficies, yo pensé que desapareceríamos. Cuando implantamos el código de barras en los años 80, no creí que seríamos capaces de adaptarnos. Me parecía que era demasiado complejo y difícil: (Sentimientos personales).

¿Y vosotros? ¿Os acordáis de lo que sufrían nuestras cajeras? Todos se reían de ellas, hasta que los clientes empezaron a ver que eran más rápidas que la competencia. ¿Y los que trabajaban en almacenes? Pensaron que se iban a quedar sin empleo porque era cambiar la forma de almacenar con la que nos habíamos sentido cómodos durante décadas. Y la cambiamos. Cuando el cliente pidió más productos frescos, más trazabilidad, más sostenibilidad, también supisteis responder. Lo hicisteis juntos. Porque no os detuvo el miedo: os movió el compromiso. (Sentimientos de la audiencia).

Hoy, hablamos de tecnología. De automatización, de digitalización, de nuevos modelos de trabajo. Y sí, de incertidumbre. Pero también de oportunidad. Oportunidad de crecer, de ser más eficientes, de cuidar mejor a nuestros equipos y de ofrecer más valor a quienes nos eligen cada día. La diferencia entre resistirse y avanzar está en cómo recordamos quiénes somos. (Significado y valores).

En Supermercados Alba, somos una empresa que ha sabido adaptarse sin perder su alma. Y lo haremos de nuevo. Porque lo que nos trajo hasta aquí no fue el miedo al cambio, sino la voluntad de hacerlo bien. Lo que viene no es el fin de nuestra historia, es el siguiente capítulo. Y lo escribiremos juntos. (Camino a seguir).

4. Recursos del *pathos*

El pathos se construye con varios elementos retóricos y estilísticos:

- Imágenes sensoriales: ver, oler, tocar.

- Ritmo y pausas: dar tiempo para sentir.

- Repeticiones: crear intensidad.

- Silencios: dejar que la emoción respire.

- Anécdotas personales: humanizar el mensaje.

- Metáforas y símbolos: condensar significados.

- Preguntas retóricas: involucrar al público.

- Lenguaje sincero: autenticidad emocional.

5. La vulnerabilidad actúa como un lazo invisible

Mostrar vulnerabilidad no es una debilidad; al contrario, puede fortalecer la conexión con la audiencia. Chris Anderson, el promotor de las famosas charlas TED, señala que al admitir inseguridades o compartir momentos difíciles, los oradores humanizan su mensaje, lo que permite que el público se identifique y se involucre emocionalmente.

De hecho, una de las charlas más vistas del mundo es la de Brené Brown sobre la vulnerabilidad[1]. Ella suele decir que siempre hemos creído que liderar era mostrarse fuerte, invulnerable, siempre seguro. Pero lo que más inspira a las personas no es la perfección, sino

1 https://www.ted.com/talks/brene_brown_the_power_of_vulnerability

la humanidad. Los líderes que se atreven a decir 'no sé', que piden ayuda, que escuchan con el corazón y no solo con la cabeza, son los que construyen culturas de confianza, innovación y pertenencia. "Nuestra capacidad para ser líderes valientes nunca será mayor que nuestra capacidad para la vulnerabilidad" (del libro, *Dare to lead*[2]). La vulnerabilidad, lejos de debilitar al líder, lo convierte en alguien más auténtico, más accesible y, en última instancia, más capaz de transformar, según Brown. Convence porque emociona.

6. Ejemplos reales de discursos de *pathos*

Ejemplo 1: Discurso de Barack Obama, 2008

En su discurso de victoria presidencial, Obama no comenzó con políticas ni cifras. Comenzó con una historia: la de Ann Nixon Cooper, una mujer negra de 106 años que había votado ese día. Con ella recorrió el siglo XX, desde el racismo institucional hasta la presidencia de un afroamericano. Fue una homilía laica. Cientos de miles repitieron: *"Yes we can"*. Esa letanía fue la que convirtió su discurso de la victoria en algo muy parecido a una misa, en la que los feligreses repiten las palabras del sacerdote. Una misa, sus homilías y sus cánticos contienen muchos elementos de pathos, en especial, durante celebraciones especiales[3].

Ejemplo 2: Discurso de Juan Roig tras una catástrofe

El presidente y fundador de Mercadona en su primera rueda de prensa tras la riada de 2024 (que acabó con muchas vidas en Valencia) afirmó ante decenas de periodistas. "Un millón de españoles nos sentimos desamparados. Los cuatro primeros días fueron nefastos. Las zonas más afectadas parecían un desierto. Los únicos que aparecieron fueron algunas empresas que nos lanzamos y muchísimos voluntarios... Me emociono al recordar a mis cuatro amigos empresarios fallecidos... Las imágenes de los voluntarios nos sirvieron de inspiración... La juventud fue la que se volcó, con la organización que se pudo"[4]. Sus palabras dieron la vuelta a todo el país en los telediarios porque plasmaban la sensibilidad y las emociones de unos

2 Brown, Brené (2018). *Dare to Lead: Brave Work. Tough Conversations. Whole Hearts.* Nueva York. Random House. Página: 12 (versión en inglés, tapa dura). En español, *Atrévete a liderar: Trabajo valiente. Conversaciones difíciles. Corazones enteros.* Editorial Urano, 2019. Barcelona.
3 https://youtu.be/_MKXD2pZUhw?si=f0nK6PmqFHhV-1X9
4 https://youtu.be/UaoDH8mrqKc?si=BpTaEPoZHnEleHV

de los mayores empresarios de España.

Ejemplo 3: General Máximo Décimo Meridio en la película Gladiator

El general que protagoniza la película Gladiator se dirige a sus tropas de caballería antes de cargar contra los germanos. "Hermanos. Dentro de tres semanas yo estaré recogiendo mis cosechas. Imaginad donde querréis estar y se hará realidad. Manteneos firmes, no os separéis de mí. Si os veis cabalgando solos por verdes prados, el rostro bañado por el sol, que no os cause temor. Estaréis en el Elíseo y ya habréis muerto. ¡Hermanos! Lo que hacemos en la vida tiene su eco en la eternidad"[5]. Muchos entrenadores de fútbol usan este extracto de la película para animar a sus equipos en los vestuarios en los momentos más difíciles.

Ejemplo 4: Discurso Pau Gasol en su despedida de la NBA

El jugador español que más lejos ha llegado en la NBA, se retiró en 2021 y en su discurso de despedida, dijo: "Como niño en España, tenía un sueño. Quería convertirme en jugador de baloncesto y jugar en la NBA, pero jamás imaginé, ni en un millón de años, que un día así podría llegar. Es un honor enorme estar entre estos grandes individuos en esta gran franquicia. Así que esto demuestra que no hay que ponerse límites a lo que puedes hacer, a lo que puedes conseguir, sé la mejor versión de ti mismo cada día, como todos sabemos que es la mentalidad Mamba"[6].

Ejemplo 5: Discurso Antonio Banderas al recibir el Goya al Mejor Actor por Dolor y gloria (2020)

"Estoy muy feliz porque hoy, 25 de enero, se cumplen 3 años exactamente desde que sufrí un ataque al corazón y me habéis dado este regalo para celebrar ese nuevo cumpleaños y no solamente estoy vivo[7], sino que me siento vivo. Muchísimas gracias".

7. Cómo entrenar el *pathos*

No se trata de actuar. El *pathos* auténtico no se ensaya como un guion teatral, sino que se cultiva desde la conexión con uno mismo y con el otro. Para entrenar este tipo de discurso:

---

5 https://youtu.be/CDpTc32sV1Y?si=0F3vhF9nl_slTmPu
6 https://youtu.be/c5LJuv_oHYw?si=olSwGvCvucqmbi4a
7 https://youtu.be/XlgIpNnl2Ck?si=z0OEPVBPluXLdRXF

- Escribe sobre una persona que marcó tu vida.

- Elige un recuerdo visual intenso.

- Cuenta la escena en detalle.

- Extrae una lección o símbolo.

- Léele tu texto a alguien cercano y observa su reacción.

También puedes grabarte. Si tu voz cambia, si tus ojos se humedecen o si necesitas una pausa, es probable que el *pathos* esté ahí. Esa es la energía que debes canalizar al hablar en público.

8. Peligros del *pathos* mal usado

El discurso emocional puede volverse manipulación si se fuerza, si se exagera, si se hace llorar sin sentido. Un *pathos* falso se detecta. Provoca rechazo o cinismo. Para evitarlo:

- Usa experiencias reales, no inventadas.

- No prolongues el drama innecesariamente.

- No busques aplausos, busca conexión.

- Cuida que la emoción esté al servicio del mensaje, no al revés.

9. *Pathos* en distintos formatos

No todos los discursos de *pathos* son orales. También hay:

- Cartas emocionales.

- Vídeos breves motivacionales.

- Presentaciones con imágenes simbólicas.

- Podcasts testimoniales.

- Publicidad con carga emocional.

El principio es el mismo: activar emociones para movilizar significados.

10. Conclusión: lo que queda cuando las palabras se apagan

Cuando acaba un discurso, lo que perdura no es lo que se dijo, sino lo que se sintió. El *pathos* es la memoria emocional del mensaje. Y por eso, aunque no sea siempre lo más racional, suele ser lo más recordado. Aprender a hablar con emoción no es aprender a llorar en público. Es aprender a decir verdades que importan. Es aprender a mirar a los ojos, a contar con el alma y a dejar una huella que va más allá del discurso.

En definitiva, un discurso de *pathos* bien construido no necesita grandes efectos ni una oratoria grandilocuente. Solo necesita verdad, emoción y una estructura que permita que esa emoción se comparta. Porque al final, el mejor discurso es aquel que no solo se escucha, sino que se siente.

Resumen

1. Conexión emocional con la audiencia.

El orador debe mostrar "empatía", entender los sentimientos del público y reflejarlos en su mensaje. Esto genera confianza y cercanía.

Ejemplo: "Sé que muchos de ustedes han perdido lo que más querían..."

2. Narrativas personales o historias humanas.

Las "historias reales o simbólicas" tocan el corazón del oyente. Un buen discurso emocional se apoya en anécdotas que humanizan el mensaje.

Ejemplo: "Recuerdo a una madre que me dijo entre lágrimas que..."

3. Lenguaje sensorial y expresivo.

Se utilizan palabras que evocan "imágenes, sonidos, olores, emociones" reforzadas con pausas, tono y ritmo. El cómo se dice es tan importante como el qué se dice.

Ejemplo: "El silencio en aquella casa era más ruidoso que cualquier grito".

4. Apelación a valores universales.

Pathos funciona mejor cuando conecta con valores profundos como el "amor, justicia, pérdida, esperanza, familia o dignidad". Esto eleva el discurso desde lo individual a lo colectivo.

Ejemplo: "No luchamos solo por nosotros, sino por los que vendrán después".

Dr. Carlos Salas

Ha sido director de El Economista, Capital, Metro y lainformación.com. Fue redactor-jefe de la sección de Economía y de Internacional de El Mundo.

Profesor en comunicación en IESE, EAE Business School, IMF y La Salle.

Profesor de Periodismo en el Máster de Periodismo de El Mundo. Autor de "Storytelling, la escritura mágica", y de "Cómo hablar y presentar en público". Licenciado en Periodismo y en Filosofía. Doctor en Filosofía.

Storytelling.
El arte de contar
historias

The terrifying motion picture
from the terrifying No. 1 best seller.

JAWS

"Contar
historias es la
habilidad más
infravalorada en
los negocios."

Ben Horowitz

Las buenas historias de negocios deben hacer que su audiencia se sienta como si estuviera a punto de ser devorada por un animal salvaje, para que presten atención a cómo llegaron allí, y vean la solución propuesta como un final feliz. Steven Spielberg en el cartel de su primera superproducción refleja exactamente ese momento.

ROY
SCHEIDER
ROBERT
SHAW
RICHARD
DREYFUSS

JAWS

Haz que todo sea inolvidable con historias

El inversor de capital riesgo, Ben Horowitz, dice que no invertirá en una empresa que no pueda explicarse con una simple historia, y que el director general es en realidad el principal narrador. Le gusta decir que tu historia es tu estrategia.

Mucha gente cree que esto significa que hay que crear una estrategia y luego historiarla. En realidad, es un único paso. Tu estrategia debería ser siempre algo fácil de repetir. Los seres humanos están condicionados para recordar y volver a contar historias; están programados para olvidar complicadas declaraciones de objetivos, estadísticas y valores corporativos llenos de terminología. Las empresas en las que Horowitz ha invertido, Airbnb, Slack e Instacart, no solo le han proporcionado grandes beneficios, sino que todas ellas tienen una estrategia que la mayoría de los consumidores entienden. Las historias empresariales más eficaces tienen una estructura más cercana a los cuentos de hadas y a los chistes que a las películas épicas.

Es una estructura que ha permanecido invariable a lo largo del tiempo, desde Aristóteles a Pixar, y que tiene 3 grandes bloques (SCR):

(S) Situar: Dale a la audiencia el mínimo que necesitan para que entiendan la historia: Quién, Dónde, Cuándo. Diles cómo es la vida con normalidad. Pixar diseña cada historia empezando con "Érase una vez..." "Todos los días..."

(C) Complicar: Las historias son aburridas si no hay conflicto. Las indicaciones de Pixar para esta etapa son "Pero un día..." y "Por eso..." y "Y desde entonces..." Había una situación normal antes y habrá una nueva normalidad después. Nuestro héroe se enfrenta a un desafío que se hace cada vez más difícil.

(R) Resolver: La sugerencia de Pixar para esto es "Hasta que, finalmente..." Incluso si el héroe no resuelve el problema, la audiencia se llevará una lección de esta historia.

Estructura del *Storytelling*

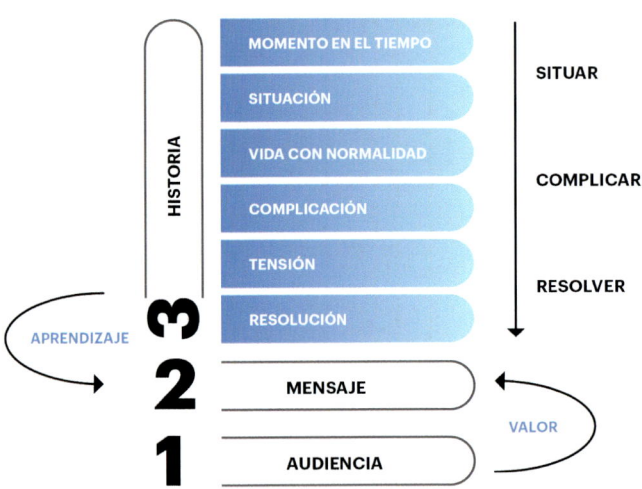

Las lecciones y aprendizajes son lo que hacen la historia valiosa. Entendiendo cuál es el mensaje más relevante de tu historia, podrás elegir qué historia es la mejor para contar.

El problema para la mayoría de los líderes es que dan por hecho que sus responsabilidades y planes de negocio son demasiado aburridos como para ser convertidos en historias.

En este capítulo veremos todo lo contrario. Líderes empresariales como Warren Buffet o Steve Jobs, han sido capaces de convertir algo tan simple como un correo electrónico, una presentación o la respuesta a una pregunta en un panel, en una historia interesante.

Empezar una historia cuando el oso está a punto de devorarte

Empecemos por el principio. El físico Carl Sagan dijo una vez que, para hacer una tarta de manzana, el primer paso es crear un universo.

Quizá esto resulte demasiado prematuro para cualquier historia, pero así es como puede parecer el comienzo de muchas presentaciones empresariales. Con nueve diapositivas de información de fondo y metodología que parecen inútiles, seguidas de una conclusión.

Piensa en la situación como lo mínimo que el público necesita saber para entender la historia, y después, en la complicación que la transforma.

El experto en marketing y marca personal Wes Kao recomienda que, cuando redactes los informes para tu jefe sobre cualquier tema, deberías imaginar que se trata de un cuento y te aconseja que «empieces cualquier historia cuando estés a punto de ser devorado por un oso».

En un contexto empresarial, podría tratarse de un cliente representativo a punto de abandonar su empresa, una oportunidad a punto de perderse, un fallo doloroso que parece pequeño, pero que está minando su empresa. Cualquier cosa que llene de suspense a tu audiencia funcionará para que presten atención a la resolución y a tu mensaje.

Empezar con la historia y encontrar un héroe

Hay otro elemento común indispensable en toda buena historia: las personas. Se necesita una persona en el centro de la historia y que el público se identifique con ella.

Warren Buffett pasa la mayor parte de su tiempo analizando estadísticas e informes de empresas, aunque, curiosamente, se expresa con historias más que con números. En un informe típico de Berkshire Hathaway, sólo un 10% del total del texto lo dedica a los números, el 90% restante se dedica a contar historias, con un principio claro vinculado a cada historia.

A lo largo de su carrera, Buffett siempre ha encontrado la manera de asociar una persona a una cifra. Por ejemplo, en lugar de dar una cifra plana de rendimiento de la inversión en su informe de 1977, crea un pequeño retrato del fundador de la empresa: "Gene Abegg fundó el banco en 1931 con 250.000 dólares. En su primer año completo, los beneficios ascendieron a 8.782 dólares".

A finales del año pasado Gene, que ahora tiene 80 años y sigue dirigiendo una operación bancaria sin parangón, pidió que se contratara a un sucesor. Situación: Guy compra un banco. Complicación: Es pequeño y regional. Resolución: Es increíblemente rentable y todavía regional. Mensaje: Usted debe invertir en retornos consistentes a largo plazo dondequiera que ocurran.

Añade una carga emocional

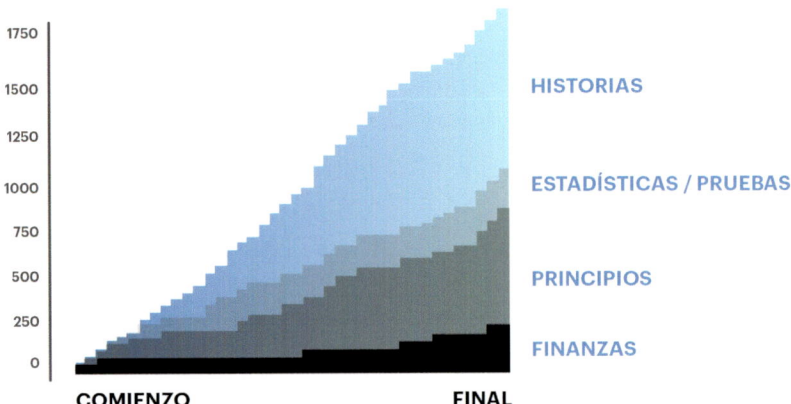

Storytelling de Buffet

CÓMPUTO DE PALABRAS DE SU CARTA DE 1977 A LOS INVERSORES
NÚMERO ACUMULADO DE PALABRAS

HISTORIAS

ESTADÍSTICAS / PRUEBAS

PRINCIPIOS

FINANZAS

COMIENZO   FINAL

La mayoría de los empresarios asumen que el éxito es lo que llama la atención. Pero el éxito continuo, como todo, es aburrido. Las historias necesitan una complicación.

El escritor Kurt Vonnegut tenía una forma sencilla de estructurar las historias. Vonnegut muestra que, a medida que la narrativa se ha ido sofisticando, las tramas implican grandes y frecuentes oscilaciones de altos a bajos. Aquí tienes la complicación y tu forma de crear tensión que, como regla general, apunta a un final feliz. El miedo llama la atención, pero el optimismo promueve la acción.

Contraste emocional en historias

ANÁLISIS DE KURT VONNEGUT

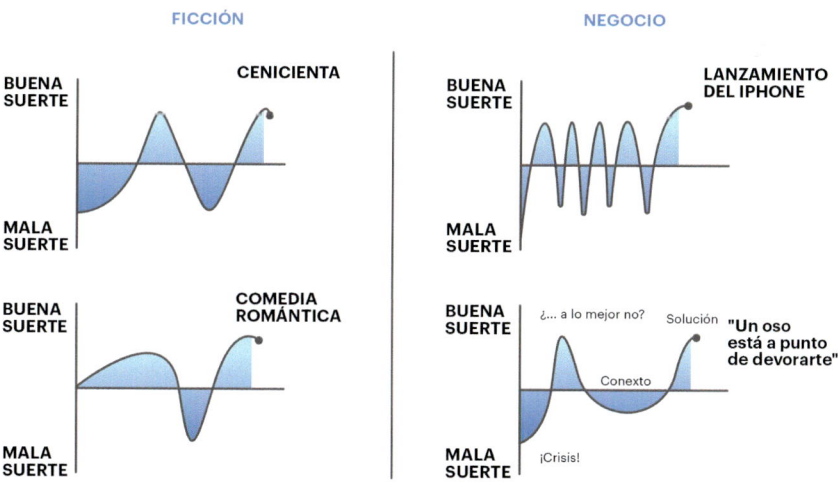

Reduce tus historias a lo esencial a la manera de South Park, o el lanzamiento de un iPhone

Por regla general, la longitud ideal de cualquier historia es... "cuanto más breve, mejor". La mayoría de la gente intentará reducir una historia recortando palabras, pero en lo que deberías centrarte es en los pulsos.

Si te gusta contar historias o chistes, sabrás que mientras cubras unos pocos momentos clave, la historia está completa. Si amplías tu historia, no añadas nuevos momentos, sino detalles sobre momentos concretos para añadir tensión durante la complicación.

Prestar atención a cómo se conectan estos pulsos te mostrará cómo mejorar tu historia.

"Descubrimos una regla muy sencilla", afirma Trey Parker. Escriben los pulsos de la historia. Luego ven qué palabras los conectan. "Si las palabras Y y ENTONCES van entre ellas, tienes algo bastante aburrido".

En lugar de eso, se aseguran de que los pulsos estén conectados por solo una o dos palabras: PERO o POR LO TANTO. PERO aparece cuando un acontecimiento complica o dificulta las cosas. POR LO TANTO se utiliza cuando la siguiente parte transcurre de forma natural.

Este enfoque también permite variar el tono emocional, como dice Vonnegut. La escritora de discursos, Nancy Duarte, analizó cientos de discursos eficaces de políticos y empresarios que inspiraron el cambio. El orador hablaba de los problemas del presente, luego cambiaba a una visión de un futuro asombroso, y después volvía de nuevo a un presente problemático, y luego a un futuro asombroso.

Ya fuera Martin Luther King Jr. o Steve Jobs, el discurso termina con una solución sencilla que acerca el futuro. Alternar PERO y POR TANTO tiene este impacto emocional y crea una sensación de impulso en tu historia.

Ponerlo todo junto

Ahora que ya tenemos claros los conceptos de pulsos, gama emocional, un principio, conexiones y un buen punto de partida, veamos cómo los utilizaron Jobs y Buffett en dos contextos muy diferentes.

El primero es una selección de pulsos de Steve Jobs en la presentación del iPhone y el otro es Warren Buffett, cuando unos jóvenes le preguntan por consejos de vida.

En el primer caso, se trata de un guion ajustado, y en el segundo, de una improvisación. En ambos casos, sin embargo, la estructura de sus historias es la misma.

	Lanzamiento del iPhone de Steve Jobs – Pulsos conectados	Warren Buffet – Preguntas y respuestas sobre las lecciones de vida
APERTURA–COMPLICACIÓN A punto de ser devorado por un oso	De vez en cuando, aparece un producto revolucionario que lo cambia todo. Antes de entrar en materia, permítanme hablar de un tipo de problemas.	Te vas a enfrentar a contratiempos, Charlie (el socio inversor de Buffet) y yo nos enfrentamos a adversidades. Y no puedo decirte que sean divertidos.
SITUACIÓN NORMAL La lección y la razón para contar la historia	Los *smartphones* son un poco más inteligentes que los teléfonos normales, pero en realidad son más difíciles de usar. Son realmente complicados.	Vas a tener buena y mala suerte. Y la gente que tiene buena suerte tiende a pensar que es gracias a ellos, cuando realmente es suerte...
Y POR LO TANTO	Hemos resuelto este problema. Entonces, ¿cómo vamos a llevar esto a un dispositivo móvil? Lo que vamos a hacer es deshacernos de todos estos botones y simplemente hacer una pantalla gigante.	Si naces hoy en China, tienes una suerte increíble en comparación con hace 100 años. O hace mil años. Tu única opción real en la vida era ser agricultor de arroz, cosa que yo no podría hacer.

PERO	¿Cómo nos comunicamos con él? No queremos llevar un ratón encima, ¿verdad? Entonces, ¿qué vamos a hacer? Oh, un lápiz óptico, ¿verdad? Vamos a usar un puntero. No. ... Qué asco. Nadie quiere un puntero. Así que no usemos un puntero.	Las cosas malas ocurren. A mí no me han pasado, pero a mis amigos sí. El mayor contratiempo al que todos nos enfrentamos es la muerte, por supuesto. Y no es cosa de risa. No puedo dar consejos sobre cómo pasar "el mejor momento de tu vida" cuando surgen contratiempos.
Y POR LO TANTO	Vamos a utilizar el mejor dispositivo señalador del mundo. Vamos a utilizar un dispositivo con el que todos nacemos - nacemos con diez de ellos. Vamos a usar nuestros dedos. Vamos a tocar esto con los dedos. Y hemos inventado una nueva tecnología llamada multitáctil, que es sensacional.	Todavía puedes centrarte en la buena suerte. Los atletas de hoy ganan mucho más dinero que hace 20 años. Me encanta verlos. Es una nueva forma de practicarlo hoy. El deporte mejora.
PERO	Queremos reinventar el teléfono. Ahora, ¿cuál es la aplicación clave? ¡La aplicación clave es hacer llamadas! Es increíble lo difícil que es hacer llamadas en la mayoría de los teléfonos.	Incluso eso puede parecer mala suerte si no pasas el corte en un equipo de baloncesto. Y Charlie y yo no somos atléticos. Estamos totalmente en baja forma. Además, comemos fatal.

Y POR LO TANTO	Digamos que quiero hacer una llamada a Jony Ive. Puedo pulsar aquí, y veo el contexto de Jony Ive, con toda su información: sus tres números de teléfono, su correo electrónico, su dirección, cualquier otra cosa que tenga. Todo está en un solo lugar. Y si quiero llamar a Jony, todo lo que tengo que hacer es pulsar su número de teléfono.	Ambos tenemos suerte de estar vivos hoy, donde, a pesar de no haber hecho nunca ejercicio, podemos superar a los atletas de hoy en día y vivir una larga vida. Así que, a pesar de nuestros contratiempos de salud, y otros inconvenientes, tenemos suerte de estar vivos hoy.
CONCLUSIÓN–RESOLUCIÓN La lección y la razón para contar la historia, otra vez.	Por primera vez llevamos un software innovador a un dispositivo móvil. Un modelo que está cinco años por delante de cualquier otro teléfono.	Recuerda la buena suerte, no importa a qué te enfrentes en la vida: tienes una suerte increíble de haber nacido ahora y no hace cien años.

Seleccionar historias y practicar la narración

Sabemos que, literalmente, esto lo puede hacer un niño. Entonces, ¿por qué lo hacen tan pocos empresarios?

Contar historias es más un músculo que un conjunto de reglas. Este músculo se atrofia en un entorno empresarial y especialmente al principio de una carrera. Pero hay otro entrenamiento que te dará rendimientos financieros como contar historias. He aquí un plan de entrenamiento:

- Comprométete a contar una historia al menos una vez al día. Hay oportunidades para contar una historia en cada correo electrónico que escribas. Piensa en el mensaje, luego una historia de cambio que lo visualice.

- Busca historias constantemente, y compártelas en cuanto puedas. Busca esos extremos de Vonnegut: cada vez que estés estresado, furioso, emocionado, aliviado, nervioso, bombeado, asombrado, suele haber una historia. Cuéntaselo a otra persona en cuanto puedas o grábalo en una nota de voz.
- Si tienes tiempo limitado y necesitas encontrar una historia rápidamente, entonces es mejor empezar con los principios que guían tu vida y luego contar la historia de cómo crees en ellos.

Pregúntatelo a ti mismo:

- ¿Qué sé yo que nadie más sabe?
- ¿Dónde estaba yo cuando me di cuenta de esto por primera vez?
- ¿Cuáles fueron los acontecimientos y experiencias que hicieron que esto me pareciera tan importante?
- ¿A quién más conozco que se haya beneficiado de este conocimiento?
- ¿A quién más conozco que haya sufrido por su falta?
- ¿Cuál es la situación más aterradora en la que podría encontrarse mi público si no me escucha?
- ¿Cuál es la situación más emocionante en la que podría encontrarse mi público si me escucha?

En una época en la que todo el mundo puede conseguir que la IA escriba bien por ti, tus historias son una de las pocas cosas que te hacen único. Son la forma más eficaz de abrirte paso a través de ese ruido, de conectar con un público, de hacer que tus ideas tengan sentido y sean memorables, de compartir emociones y de liderar. Puede que la IA cuente historias mejor que tú en cuanto a técnica, pero no tiene historias que contar. Tú sí.

Videos

- Kurt Vonnegut: The Shape of Stories
(https://www.youtube.com/watch?v=GOGru_4z1Vc&t=336s)
- Nancy Duarte: Common Structure of Greatest Storytellers
(https://www.youtube.com/watch?v=1nYFpuc2Umk)
- Steve Jobs: Love, Loss, Death: Commencement Address at Stanford
(https://www.youtube.com/watch?v=UF8uR6Z6KLc)

Robin Moroney

Utiliza historias para abrirse paso entre el ruido de las redes sociales y la niebla de los contenidos creados por IA.

Ex redactor de The Wall Street Journal, utiliza una mezcla de coaching y ciencia de datos para dar a los líderes la confianza de que todo lo que dicen tendrá un impacto. Fue redactor de discursos para Sundar Pichai, consejero delegado de Google, y dirigió la estrategia de comunicación de Google en Asia. Actualmente reside en Madrid y, junto a su práctica de consultoría, publica un boletín sobre escritura con herramientas de IA llamado "El mensaje es el medio" en colaboración con la consultora de IA "Road to Amherst".

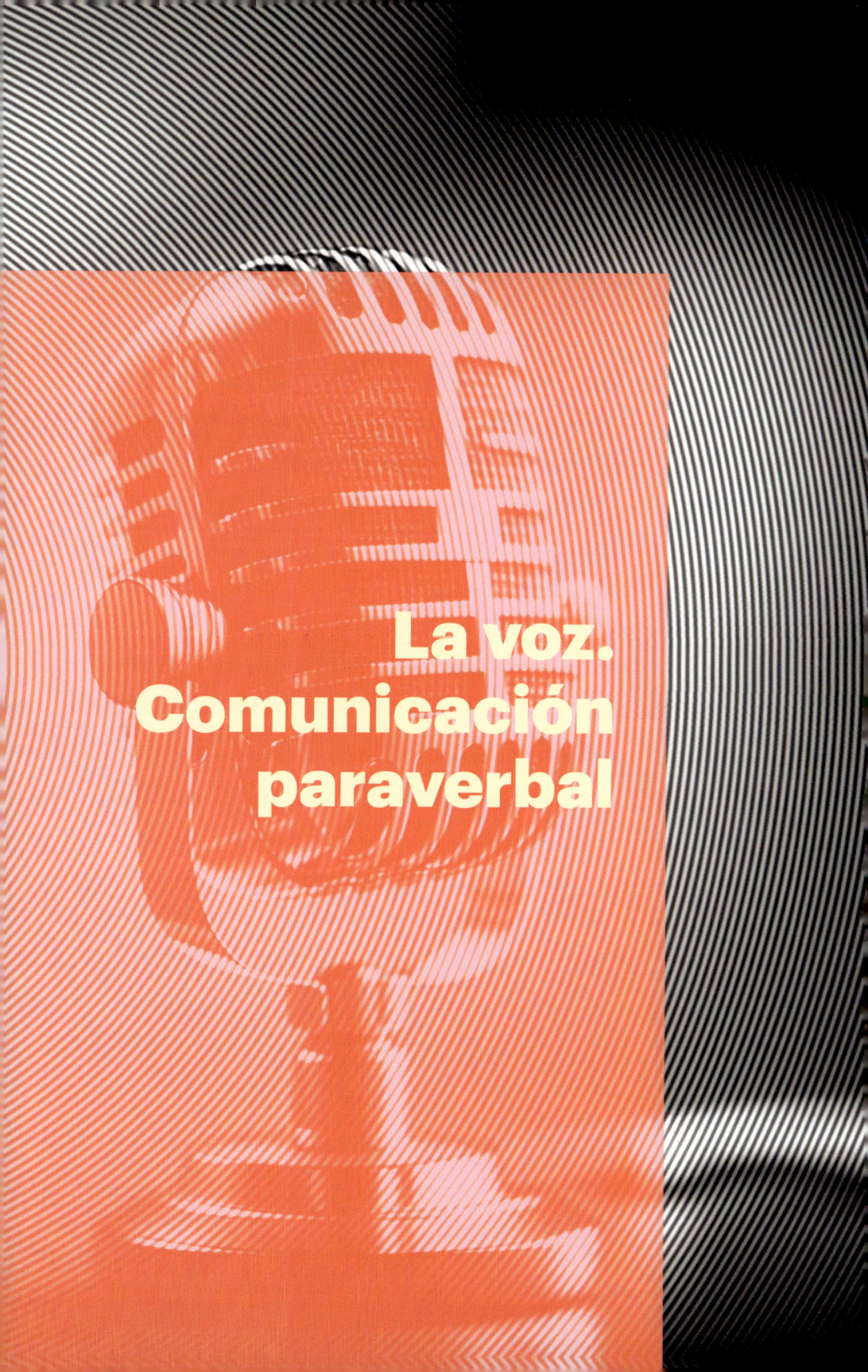

La voz.
Comunicación
paraverbal

"La voz humana es el instrumento musical más versátil jamás creado."

Ingo R. Titze

Cuando la escocesa Susan Boyle apareció por primera vez, en abril de 2009, en el concurso de televisión Britain's Got Talent, no fue su aspecto, ni la canción escogida, la que levantó al público de sus asientos. Lo que les emocionó fue el uso que hizo de su poderosa voz (https://youtu.be/OxYtcTmeGcA).

Domina tu voz y conecta con los demás. Guía práctica

Introducción

La voz es como tu huella: única, irrepetible y muy poderosa. Cuando hablamos, no solo decimos palabras. También mostramos cómo nos sentimos, qué tan seguros estamos, si creemos o no en lo que decimos.

La voz puede tranquilizar, emocionar, aburrir o inspirar. Es tu mejor aliada para comunicarte mejor... pero a veces no la entrenamos ni le damos la atención que merece.

En esta guía vas a descubrir cómo usar tu voz de forma más consciente y efectiva. Solo necesitas practicar un poco cada día.

1. Conexión mente-cuerpo: conocerte desde dentro

Hablar no es solo usar la boca. Todo lo que pasa dentro de ti se nota cuando hablas: si estás tensa, tu voz se encoge. Si estás relajada/o, tu voz fluye. Por eso, **conocer tu cuerpo desde dentro** es tan importante. No es solo moverse o estirarse, es prestar atención a lo que sientes, lo que piensas y cómo lo expresas.

La conexión mente-cuerpo implica estar presente, darte cuenta de cómo reaccionas cuando te enfrentas a una situación que requiere hablar en público, y usar esa información para mejorar. Si no estás en sintonía con tu cuerpo, puedes sentirte bloqueada sin saber por qué: te falta el aire, se te seca la boca, se te acelera el corazón... y todo eso impacta directamente en cómo suena tu voz.

El objetivo aquí no es eliminar todas las emociones, sino aprender a **escuchar al cuerpo y trabajar con él**. Cuando tienes conciencia corporal, puedes regular mejor tus nervios, respirar con más profundidad, mantener una postura abierta y proyectar tu voz con más seguridad. Es el primer paso para usar la voz como una herramienta poderosa de comunicación.

Tips prácticos	¿Por qué sirve?
Estírate como si despertaras.	Activa tu cuerpo y libera tensión.
Camina unos pasos respirando profundo.	Calma el sistema nervioso.
Haz 3 respiraciones profundas por la nariz.	Centra tu mente y cuerpo antes de hablar.
Rueda los hombros hacia atrás 10 veces.	Mejora la postura para proyectar mejor tu voz.

2. Respirar bien es hablar bien

La respiración es **la base de una voz sana, clara y potente**. Sin ella, es muy difícil sostener frases largas, proyectar sin gritar o mantener un ritmo fluido. La mayoría de las personas respiran de forma superficial, usando solo la parte alta del pecho. Eso genera fatiga, tensión en el cuello y una voz que suena débil o entrecortada.

La respiración consciente consiste en **prestar atención a cómo entra y sale el aire**, y en entrenarte para que la respiración fluya desde el abdomen (la zona del diafragma). Es lo que se llama a veces "respirar con la barriga", y aunque al principio puede parecer raro, es la forma más eficiente y natural de respirar para hablar.

Además, **respirar bien te ayuda a estar presente**. Reduce la ansiedad, te da sensación de control y te centra antes de hablar. Si respiras rápido y entrecortado, tu cerebro lo interpreta como una situación de alarma. En cambio, si respiras lento y profundo, tu cuerpo entiende que todo está bien... y tu voz también.

Dominar la respiración consciente no es solo útil para la voz: te hace sentir más tranquila, más firme y con mayor presencia escénica.

Ejercicio –El silbido invisible

Inhala durante 4 segundos y exhala como si silbaras, pero sin hacer sonido, durante 6–8 segundos. Siente cómo el aire sale de forma controlada. Esto entrena tu exhalación, clave para hablar bien.

Tips prácticos	¿Para qué sirve?
Pon un libro ligero sobre tu abdomen al respirar.	Sentirás si estás usando el diafragma correctamente.
Imagina que inflas un globo desde la barriga.	Te ayudará a visualizar la expansión correcta.
Exhala como si empañaras un espejo.	Activa tu aire caliente y controlado.
Cuenta del 10 al 0 mientras exhalas lentamente.	Entrena la duración de tus frases habladas.

3. Prepara tu voz como si fueras cantante (aunque no lo seas)

¿Alguna vez has intentado hablar en público sin calentar la voz? Es como salir a correr sin calentar los músculos: puede que sobrevivas... pero también puedes acabar con la voz rota, sin aire o hablando como un robot.

Tu voz también necesita su calentamiento.

No hace falta que seas cantante. Basta con dedicarle 2 o 3 minutos a activarla: mover la mandíbula, hacer sonidos suaves, bostezar fuerte o tararear tu canción favorita.

Piénsalo así:

Así como estiras el cuerpo antes de hacer ejercicio, **calentar la voz prepara tu instrumento para funcionar con soltura y energía.** Y si no lo haces... te arriesgas a quedarte sin voz justo cuando más la necesitas.

Por eso, es buena idea hacer unos ejercicios rápidos antes de cualquier presentación o clase:

Frases con intención

Di frases como "Estoy aquí y tengo algo importante que decir" marcando cada palabra con energía. Hazlo lento, luego rápido, luego con diferentes emociones.

Tips prácticos	¿Qué mejora?
Haz vibrar tus labios: "brrrrr".	Libera tensión en cara y mandíbula.
Tararea una canción bajito.	Activa tus resonadores de manera suave.
Abre bien la boca al decir "la-la-la-la".	Mejora la articulación y volumen.
Bosteza varias veces seguido.	Relaja la garganta y activa la voz natural.

4. Hablar claro para que te entiendan

No basta con tener una buena idea o un gran mensaje. Si la forma en que lo decimos no es clara, el mensaje se pierde.

La **articulación** es simplemente mover bien la boca, los labios, la lengua y la mandíbula para que los sonidos salgan definidos.

La **dicción** es decir las palabras correctamente, sin tragarse sílabas o hablar demasiado rápido.

Cuando no articulamos bien o pronunciamos con prisa, puede que la gente tenga que hacer un esfuerzo para entendernos. Y si tienen que esforzarse... probablemente se desconecten.

Este punto se vuelve todavía más importante si estás en una sala grande, dando clase o hablando por videollamada (donde la calidad del audio puede jugar en tu contra). Una buena articulación hace que tu voz suene más profesional, segura y clara, sin importar dónde estés. Además, mejora tu confianza. Porque cuando sabes que te entienden, te sientes más cómoda hablando.

Truco del lápiz

Pon un lápiz horizontal entre los dientes y lee un texto en voz alta. Luego repítelo sin lápiz. ¿Notas la diferencia? Es una forma rápida de mejorar la claridad.

Tips prácticos	¿Qué consigues?
Lee textos en voz alta cada mañana.	Mejora fluidez, articulación y confianza.
Habla frente a un espejo 5 minutos diarios.	Observas tus gestos y movimientos al hablar.
Usa trabalenguas como "Pablito clavó un clavito..."	Mejora agilidad oral y concentración.

5. Dale ritmo y música a tu voz

¿Has escuchado alguna vez a alguien hablar sin cambiar el tono, sin pausas, sin emoción? ¿Recuerdas cuánto te costó mantenerte atenta? Exacto: la monotonía es el peor enemigo de una voz interesante.

El ritmo, las pausas, el tono y la entonación hacen que tu voz tenga vida. Eso es lo que se llama **musicalidad**. No necesitas tener una voz de locutora ni ser actriz; basta con **variar un poco cómo hablas** para mantener la atención y transmitir emociones.

Cuando usas bien el ritmo y la musicalidad:

- Evitas sonar plana o robótica.

- Mantienes la atención del público.

- Refuerzas las ideas importantes con pausas y cambios de tono.

Un buen ritmo no significa hablar rápido ni lento. Significa **saber cuándo acelerar, cuándo frenar y cuándo hacer silencio**. El silencio también comunica. A veces, una pausa bien colocada dice más que cien palabras.

Lectura con metrónomo

Usa una aplicación de metrónomo y trata de leer sincronizada con el ritmo. Te ayudará a mantener una cadencia estable y a mejorar tu control.

Tips prácticos	¿Para qué sirve?
Lee una historia como si fuera una obra de teatro.	Practicas emociones, pausas y cambios de ritmo.
Marca con colores cuándo hacer pausas o énfasis.	Guías tu voz como un guion de cine.
Grábate leyendo y escucha si suena plano o expresivo.	Detectas patrones monótonos para corregirlos.
Juega a contar una historia con diferentes emociones.	Ejercitas tu capacidad expresiva y persuasiva.

6. Proyecta tu voz sin romperte

Hablar alto no es gritar. **Proyectar la voz** es hacer que te escuchen claramente sin que suene forzado o agresivo. Y esto se logra **con buena respiración, postura y resonancia**, no apretando la garganta.

Muchas veces intentamos hablar más fuerte solo con la voz, y eso termina en cansancio, afonía o malestar. En cambio, cuando proyectas bien:

- Tu voz llega más lejos sin esfuerzo.

- Suenas con más seguridad y autoridad.

- Puedes hablar durante más tiempo sin fatigarte.

Una buena proyección parte del cuerpo: necesitas estar bien plantada, con el pecho abierto y usando el aire de forma eficiente. No necesitas más fuerza, necesitas **mejor técnica**.

Además, una voz proyectada genera presencia. Aunque estés en una sala con 30 personas o frente a una cámara, si proyectas, **te haces notar**.

Ejercicio de resonancia "mmm"

Haz un sonido "mmm" como si saborearas algo rico. Siente cómo vibra tu cara. Esa vibración significa que tu voz está resonando bien. Practícalo cada mañana.

Tips prácticos	¿Qué logras?
Imagínate que le hablas a alguien al fondo de la sala.	Mejoras dirección y fuerza sin gritar.
Lee un párrafo aumentando el volumen cada frase.	Entrenas el control del volumen.
Postura firme: pies separados y pecho abierto.	Ayuda a que el aire fluya y la voz se expanda.

7. Pon emoción a lo que dices

Tu voz no solo informa. También emociona. Y cuando eres capaz de **transmitir emociones con tu voz**, conectas mucho más con quien te escucha.

Muchas veces decimos frases importantes, pero con tono plano, y por eso no tienen impacto. Otras veces, repetimos un texto aprendido, pero sin ponerle intención... y no genera nada. Lo que diferencia una voz auténtica de una mecánica es la **emoción que hay detrás**.

La expresión emocional tiene que ser coherente con lo que estás diciendo. Si hablas de algo triste, no puedes sonar feliz. Si estás contando algo inspirador, tu tono debe acompañarlo. Eso se nota. Se siente.

Trabajar tu expresión emocional es **conectar con lo que estás diciendo antes de decirlo**. Sentirlo tú primero, para que luego lo sienta el otro.

Y no hace falta sobreactuar. A veces basta con un pequeño cambio en el tono, una pausa o una palabra dicha con intención para tocar emocionalmente a quien escucha.

Escucha a otros

Mira charlas TED[1], vídeos de oradores, películas. Fíjate cómo usan la voz para transmitir. Imítalos. Luego encuentra tu estilo.

Tips prácticos	¿Por qué importa?
Cuenta algo personal con emoción real.	Conectas con tu tono natural más auténtico.
Usa pausas antes de decir frases clave.	Generas impacto emocional.
Imagina que hablas con una persona que quieres mucho.	Cambia la intención con la que usas tu voz.
Practica leer una frase como si fuera una escena de película.	Entrenas expresión emocional y dramatismo.

8. Nervios: el elefante en la sala

Sentir nervios antes de hablar en público es totalmente normal. No es un defecto, es parte del proceso. Lo importante es aprender a **gestionar esos nervios para que no te bloqueen**, sino que jueguen a tu favor.

El cuerpo reacciona: sudor, temblores, voz que tiembla, mente en blanco. Pero si entiendes que eso es solo **energía sin canalizar**, puedes usarla a tu favor.

---

1 https://www.ted.com/

La clave está en preparar tu cuerpo y mente para lo que viene. Respirar bien, moverte antes de hablar, visualizar que te va a ir bien. No se trata de eliminar los nervios (eso es casi imposible), sino de **transformarlos en acción**.

Y cuanto más practiques, menos poder tendrán esos nervios. Porque tu cuerpo empezará a sentir familiaridad, y la experiencia reemplazará al miedo.

Respiración 4x4

Inhala 4 segundos – retén 4 – exhala 4 – pausa 4. Repite 4 veces antes de salir a hablar. Tu cuerpo se regula y tu mente se calma.

Visualización positiva

Cierra los ojos e imagina que estás hablando con seguridad, que el público te escucha y conecta. Ensaya esto antes de dormir o antes de hablar.

Mini ensayo real

Practica con alguien de confianza, o grábate en vídeo. Aunque te dé vergüenza, es la mejor forma de mejorar y ganar confianza.

Tips prácticos	¿Qué consigues?
Repite un mantra tipo "Estoy preparada/o, mi voz es clara".	Refuerza tu mente antes de empezar.

9. Resumen final y plan de acción

- Respira con el diafragma cada día.

- Haz 5 minutos de calentamiento vocal antes de hablar.

- Cuida tu pronunciación leyendo en voz alta.

- Juega con ritmo, tono y pausas.

- Conecta con lo que dices y con quién te escucha.

- Transforma los nervios en impulso.

Y sobre todo: **disfrútalo**. Porque cuando usas bien tu voz, no solo te oyen. Te sienten.

La voz como herramienta comunicativa

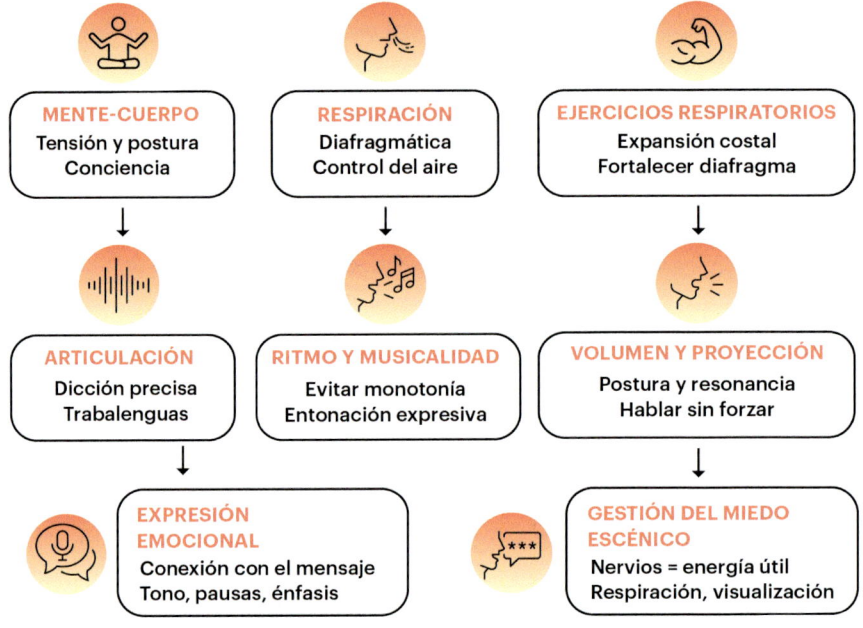

Videos:

- Ejercicio de respiración diafragmática

(https://youtu.be/0Ua9bOsZTYg)

- Respiración para controlar la ansiedad

(https://youtu.be/p8fjYPC-k2k)

- Cómo expresar emociones con la voz

(https://youtu.be/eIho2SOZahI)

- NEVER Feel Anxiety Again When Giving A Speech (5 EASY Methods)

(https://youtu.be/Edg54WnYqkE)

Referencias bibliográficas

1. Arushi, undefined, Dillon, R., Ni Teoh, A., & Dillon, D. (2022). *Voice analysis for stress detection and application in virtual reality to improve public speaking in real-time: A review.* [PDF]
2. Ayres, J. (1996). *Speech anxiety as a social phobia: Behavioral treatment and strategies. Communication Education*, 45(3), 234–246.
3. Banse, R., & Scherer, K. R. (1996). *Acoustic profiles in vocal emotion expression. Journal of Personality and Social Psychology*, 70(3), 614–636.
4. Becker, D. R. (2019). *Vocal manifestations of reported past trauma.* [PDF]

Dra. Ana Fernández Jiménez

Career Coach | Speaker | Ex directora de RRHH Internacional

Con más de 20 años de experiencia en Recursos Humanos y gestión de talento, ha ayudado a miles de profesionales a desarrollar su marca personal y potenciar su impacto corporativo en Hazzlo.es. Como profesora y consultora, combina estrategias prácticas con innovación en liderazgo, comunicación y persuasión.

Ha trabajado con empresas como BBVA, Louis Vuitton y Airbus, brindando soluciones en estrategia, formación y desarrollo organizacional. Su enfoque práctico y realista inspira a profesionales a destacar y comunicar con impacto en un mundo competitivo. Speaker TED Talk.

09.

No Verbal. Consejos para hablar en público

"El lenguaje no verbal es el primero que nos llega."

Mónica Pérez de las Heras

En una de las sesiones de un curso de Communications Skills en IESE, uno de los participantes se subió a la mesa en un momento de su discurso. Con esto consiguió capturar la atención de la audiencia y reforzó el mensaje, que estaba alineado con este uso llamativo del espacio. © Arturo Gómez Quijano

Ocho consejos de comunicación no verbal para hablar en público

Seguro que cuando has tenido que preparar una intervención ante tu equipo, el consejo de administración de tu empresa o en una reunión con clientes, has dedicado horas y horas a preparar lo que dices: los principales mensajes, los datos o las acciones que esperas de tu audiencia. Pero apenas has dedicado tiempo a preparar tu lenguaje no verbal: es decir, los gestos, expresiones, la postura, dónde mirar, etcétera.

Pues bien, después de leer este capítulo, eso no puede volver a pasarte. Graba en tu mente lo siguiente: **no es solo importante lo que dices, sino cómo lo dices**.

Sin duda, lo que decimos con la palabra tiene una relevancia incuestionable en nuestro discurso. Pero tanto o más significativo es cómo lo transmitimos con nuestra expresión corporal, actitud y tono de voz, entre muchas otras cosas.

No te preocupes. Hablar en público es una habilidad que se puede desarrollar con preparación y, sobre todo, con mucha práctica. Y con estos 8 consejos conseguirás que tu discurso sea mucho más impactante, eficaz y auténtico.

1. Muévete por el escenario para enfatizar tu mensaje

Una de las preguntas más habituales a la hora de hablar en público es: ¿me tengo que mover o puedo estar quieto? Sin duda, el movimiento puede darle energía a tu mensaje, hacerlo más ameno y te puede ayudar a enfatizar determinados aspectos e ideas.

No tengas miedo a desplazarte y utilizar el espacio que tienes en un escenario. Por lo general, moverse es bueno, pero no se trata de moverse porque sí, porque haya que hacerlo. Sino que tiene que ser coherente con tu mensaje, con lo que estás diciendo.

Por ejemplo, imagínate que quieres confrontar dos ideas o puntos de vista, o una conversación entre dos personajes o tuya con otra persona. Puedes exponer una idea (Idea 1) a la derecha y la otra (Idea 2) a la izquierda del escenario. Con un mínimo desplazamiento, tu audiencia sabrá a qué idea te estás refiriendo.

También puedes moverte para marcar las diferentes ideas, argumentos o partes de tu discurso. Puedes, por ejemplo, decir un argumento en un sitio, te mueves, avanzas un poco y te paras para el segundo argumento o idea darlo en otro lugar, y así el resto. O utilizar esta estructura para ubicar diferentes espacios de tiempo en una historia.

Como en todo, hay que evitar los excesos. Si el espacio es pequeño, no te muevas porque sí o haciendo pequeños círculos, porque eso puede marear a tu audiencia e incluso transmitir que estás nervioso.

Otra herramienta muy útil es acercarnos a nuestro público, porque eso denota proximidad y nuestra audiencia se sentirá más implicada durante el discurso.

PASADO PRESENTE FUTURO

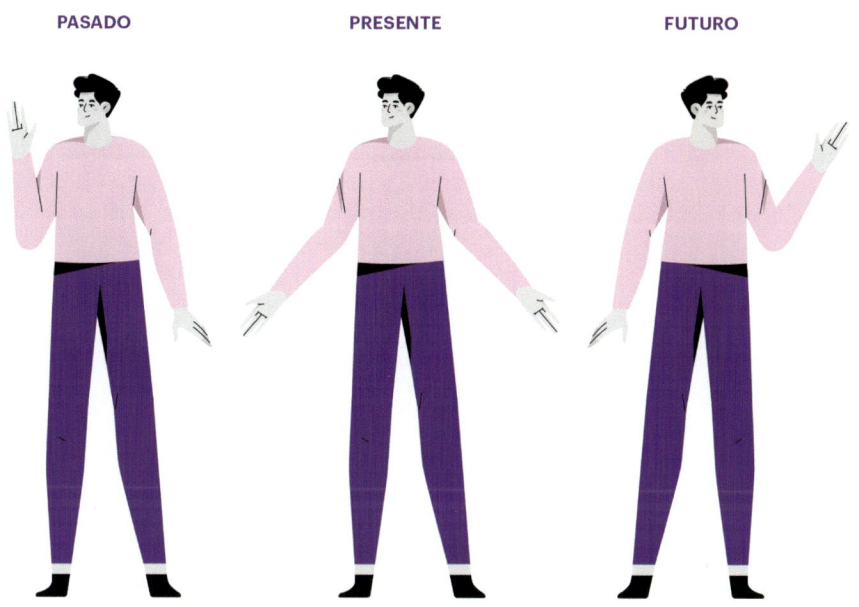

Cuando queremos destacar algo o dejar claro que algo es muy importante, existen varios recursos: uno es dar un paso hacia adelante y lanzar esa idea o argumento. Otra, para mí la más efectiva, es pararse y lanzarla –unida siempre a un tono de voz y gestos que lo enfaticen aún más–. Porque así tu público sabrá que esa idea es realmente importante.

No tengas miedo a utilizar recursos como pantallas, pizarras y moverte hacia ellos para destacar un dato o idea, y luego volver a tu público. Y recuerda, es muy importante que nunca les des la espalda.

2. Ponle pasión y energía a lo que dices

Si tú no te emocionas con lo que cuentas, quien te escucha tampoco lo hará. Por eso, es muy importante que te apasione el tema que vayas a exponer porque si de verdad te mueve, lo trasladarás a tu audiencia.

Cuando hay incongruencias entre lo que decimos y lo que dice nuestro cuerpo, el mensaje que prevalece es el de nuestro lenguaje corporal. Por eso, si queremos que las personas que nos escuchan se pongan en el mismo nivel emocional, tenemos que contagiar ese nivel de emoción.

Quizá te preguntes: ¿y cómo hago esto ante el comité de dirección? ¿O ante mi jefe? En ocasiones nos toca hablar de temas técnicos, arduos o asuntos que no van alineados del todo con nuestros intereses. Trata de buscar siempre algún aspecto que te vincule con algo que te emocione, y eso te ayudará a dar más impacto a tu mensaje. Intenta hacer hincapié en ello y comunicarás tu emoción.

Un truco que ayuda mucho es preparar tu exposición apuntando qué energía quieres dar a cada parte del discurso. Pero, ojo, no confundas pasión y energía con acelerarte cuando hablas, con hacer muchos aspavientos, abusar de gestos con las manos o con hablar muy alto. No, no se trata de eso. De hecho, esto puede llevar al traste tu discurso porque si suena muy forzado, no vas a ser creíble y mucho menos impactante.

3. La postura

Recuerda siempre: **nuestro lenguaje corporal comunica más que nuestras palabras**. Por eso, es crucial tu postura ante tu audiencia, estés sentado o de pie. Con una postura adecuada transmitirás confianza y seguridad. ¿Por qué? Porque te sentirás más a gusto y confiado, ya que nos permite respirar mejor, estar más relajados y comunicar de forma más efectiva nuestras emociones y energía.

Una buena postura consiste en tener bien enraizados nuestros pies en el suelo, con nuestro cuerpo firme pero relajado, tirando del cuerpo hacia arriba. El pecho de frente, abierto, lo que transmite apertura hacia tu audiencia y te permitirá respirar mejor. Abre los brazos porque eso transmite confianza y seguridad y la cabeza alta, erguida con la mirada al frente.

No se trata de que mantengas esta posición siempre, como algo estático, sino de que seas consciente de que te tienes que sentir seguro, arraigado al suelo, con una postura firme, abierta y preparada. Como veíamos en el punto uno, el movimiento ayuda a reforzar nuestro mensaje y a llegar más al público, pero esta es la postura 'base' a la que volvemos después de cualquier movimiento voluntario.

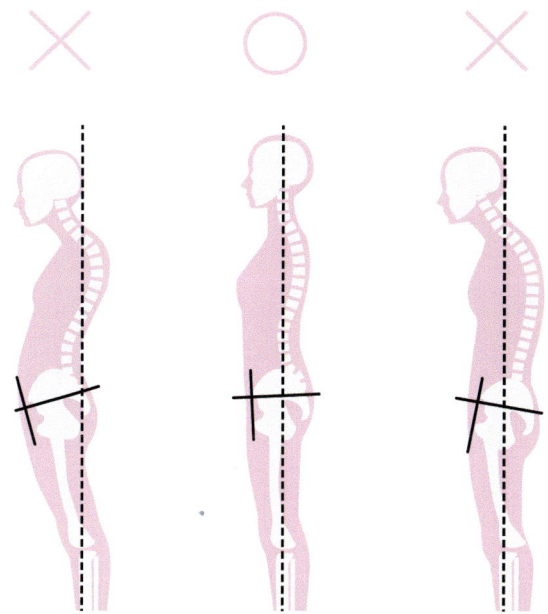

Trata de evitar poner el peso sobre una cadera, estar encorvado o cabizbajo, porque corres el riesgo de generar en tu audiencia rechazo, inseguridad o incluso enfado. Busca una postura que transmita confianza, seguridad y apertura a tu público.

4. Las manos, tus grandes aliadas

Los brazos y las manos nos pueden ayudar a decir muchas cosas: a enfatizar una idea, a hacer hincapié en el mensaje principal o a contraponer dos aspectos diferentes.

Las manos son grandes aliadas para mostrar cambio en el ritmo de nuestro discurso, o tranquilidad; a comunicar cercanía o separación, o autoridad y firmeza. Por ejemplo, un gesto muy habitual es juntarlas en el centro con los dedos conectados para enfatizar la idea principal.

Al abrirlas, transmitimos apertura, transparencia a nuestra audiencia (Imagen 1) y podemos utilizar una u otra para enfatizar una idea (Imagen 2), o para enumerar algunos puntos de nuestro discurso.

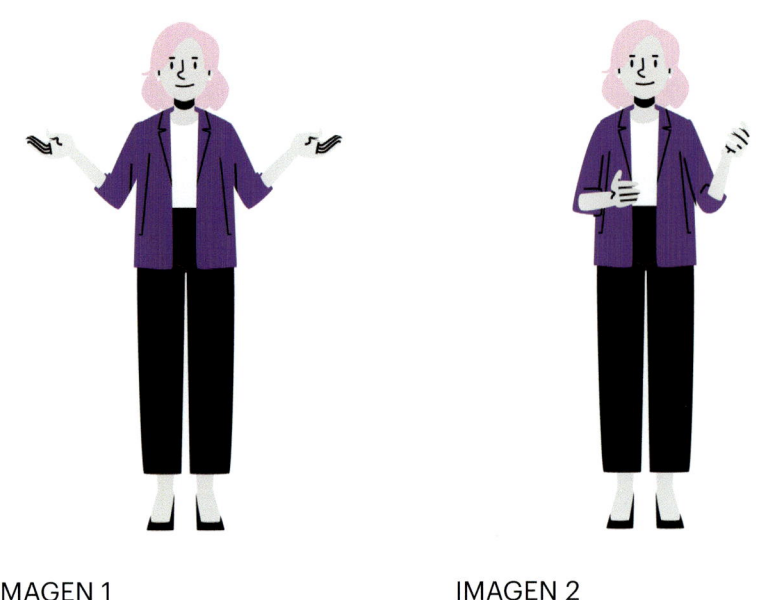

IMAGEN 1   IMAGEN 2

Pero ojo, nunca las cierres ni las aprietes con fuerza; no las metas en los bolsillos mientras hablas (eso da una imagen poco profesional) ni cruces los brazos (Imagen 4) porque eso transmite inseguridad y sensación de que estás a la defensiva, y con pocas intenciones de interacción con quien te escucha.

5. No tengas miedo a las pausas y los silencios

Si queremos que la audiencia nos siga y comprenda los conceptos e ideas que les transmitimos, tenemos que darles tiempo a que los asimilen. Para ello, las pausas y el silencio –sí, el silencio– son dos herramientas que pueden ayudarte a comunicar más y mejor.

Una buena técnica es permanecer callado durante unos segundos en determinados momentos de tu exposición o discurso, porque ayuda a destacar ese momento. Parar a propósito, con una intención precisa da mucha fuerza a nuestro discurso: anuncia que algo nuevo viene, nos ayuda a anticipar algo importante, o un elemento o hecho crucial que nuestra audiencia no se puede perder.

Además, hacer una breve pausa nos puede ayudar a respirar profundamente como comentábamos en el apartado anterior.

Y junto con las pausas controladas, está el silencio, que nos puede ayudar a generar interés, a dar más emoción a lo que estamos contando o incluso a llamar la atención de aquellos que están distraídos. Lanzar un determinado mensaje, una reflexión o pregunta al público y después un silencio es una práctica que ayuda mucho a oxigenar el discurso y conectar de nuevo con nuestra audiencia.

Los silencios y las pausas también nos ayudan a evitar las coletillas como 'mmm' o' yyy' o carraspeos, muy habituales cuando hablamos en público. Estas repeticiones nos surgen de manera inconsciente porque nuestra mente necesita pensar en la siguiente idea que quiere transmitir. Parar unos segundos, un breve silencio es mucho mejor que oír estas muletillas porque pueden llegar a ser molestas si abusamos de ellas.

Otra práctica muy útil es dejar un largo silencio al comienzo de nuestra exposición. Eso te va a ayudar a despertar el interés, generar autoridad y credibilidad. También es un recurso muy útil cuando hay personas en la sala que siguen hablando pese a que vas a comenzar tu exposición (ya sea en un auditorio, pero también puede ser en una reunión o en una clase). Así que, aguanta un poco hasta que haya silencio absoluto y entonces comienza con un arranque impactante.

6. El poder de la mirada

En comunicación, lo más importante no eres tú sino tu audiencia. Es imprescindible que pienses en ellos: quiénes son, cuáles son sus intereses, cómo puedo llegar mejor a ellos para que les cale mi mensaje. Y el contacto visual nos ayuda mucho a conectar con ellos.

Piensa que donde va tu mirada, va tu comunicación. A veces, nuestra inseguridad hace que perdamos la consciencia de nuestra mirada y esto nos lleva a dirigir la vista al suelo, al techo o solo a la pantalla donde proyectamos nuestra presentación. Esto resta mucho a tu mensaje. Una mirada abierta, amable, sincera a todo tu público transmite mucho. Y no dirigir nuestra atención a ellos, también.

Procura tener en cuenta a todos, pero eso no significa pasear la mirada por toda la audiencia, sino dirigirla a personas concretas para conectar. Para evitar ponerte nervioso, busca aquellas personas que te sonríen, que te están prestando atención y que te tranquilizan. Siempre las hay, pero nunca olvides al resto.

Dirige tu mirada a toda tu audiencia

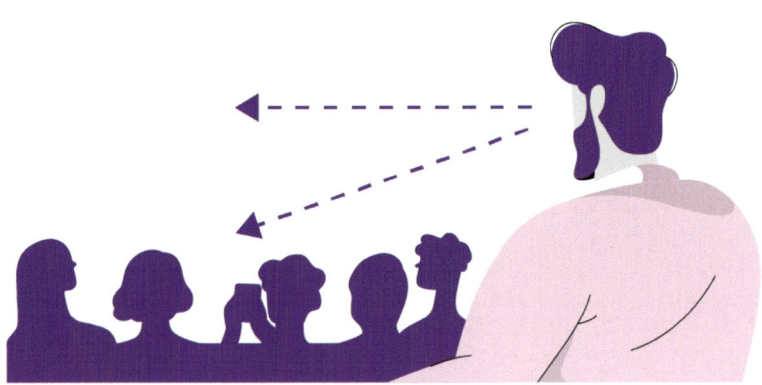

Tu mirada al hablar en público es una gran herramienta para integrar a todos los que te escuchan y para conectar con ellos.

7. Sonríe

Lo primero que conecta con la audiencia es nuestro gesto, la expresión de nuestra cara. Las personas que nos sonríen nos atraen más. Por ello, trata siempre de empezar y terminar tu discurso con una sonrisa porque tu audiencia estará más proclive a prestarte atención.

Pero no se trata de sonreír porque sí, y no debe ser una sonrisa forzada. Se trata de una herramienta que nos acerca a la audiencia porque nos muestra amables, seguros y abiertos.

No tienes que estar sonriendo todo el rato, de hecho, lo recomendable es ir adaptando el gesto de nuestro rostro a lo que vaya requiriendo tu exposición: sonriente si lo que estamos contando es neutral, serio cuando el tema lo merece o triste si las circunstancias lo requieren.

Así que empieza y termina tu discurso sonriendo, pero a lo largo de él ajústate a lo que refuerce tu mensaje.

8. No leas tu discurso

Es muy habitual en los cursos de formación sobre cómo hablar en público que los participantes pidan a su formador, durante sus presentaciones, tener cerca su portátil, móvil o un papel con su discurso o con notas sobre el mismo.

Temen no poder desarrollarla bien u olvidarse de lo que quieren decir. Se sienten inseguros y algunos de ellos se ponen muy nerviosos si no tienen a mano algún elemento al que puedan recurrir en caso de perder el hilo.

Yo siempre les pido que no tengan nada y se dan cuenta que, al final, pueden hacerlo sin ningún tipo de apoyo. Porque la clave está en preparar el discurso, en practicar, en repetirlo una y otra vez hasta que lo dominemos. Piensa que nadie sabe mejor que tú lo que quieres transmitir, que tú eres quién más sabe de lo que quieres hablar.

Con todas las herramientas que te enseñamos en este manual y, sobre todo, con mucha práctica, lograrás elaborar un gran discurso y no necesitarás ningún papel.

Mirar de vez en cuando a tus notas no es malo, pero tienes que ser consciente de que tu discurso pierde fuerza cuanto más leas. Y puede convertirte en un orador aburrido y robótico. Piensa en los grandes oradores, ninguno lee.

Al contrario, continuamente mantienen el contacto visual con su audiencia, para llegarles mejor y evitar un discurso monótono y aburrido.

Practica, practica, y practica

Hablar en público es una habilidad que todo el mundo puede aprender. Nadie nace sabiendo. La preparación y la práctica son las claves para poder adquirir esa habilidad. Y es como montar en bicicleta: una vez que aprendes, no se te olvida.

Siempre que tengas que hablar en público, ten en cuenta todas estas herramientas y practica, practica, y practica.

Puedes hacerlo de varias formas: 'utilizando' a tu pareja, hijos, amigos o cualquier persona para ensayar delante de ellos tu discurso y que te den *feedback*. O grabándote con una cámara (la del móvil vale) para que puedas verte y analizar todos los aspectos que hemos visto.

Aprovecha cualquier ocasión que tengas para hablar en público. No le tengas miedo, cuanto más lo hagas, más crecerás: una reunión de trabajo, una intervención ante tu equipo o tus clientes, incluso una reunión familiar donde puedas dar un breve *speech*.

Y lo más importante, piensa que TÚ puedes.

¡A por ello!

Beatriz Toribio

Licenciada en Periodismo, Beatriz Toribio tiene una dilatada experiencia en prensa, radio y televisión. Formó parte del equipo fundacional de El Economista y ha presentado y dirigido su propio programa de televisión especializado en el sector inmobiliario.

Gracias a esta labor divulgativa ha sido galardonada con diferentes reconocimientos y es Top LinkedIn Voices desde 2021.

Su trayectoria profesional también pasa por la comunicación corporativa en España y el extranjero, así como en la formación de portavoces a profesionales de diferentes sectores. Desde 2021 colabora con el IESE en diferentes programas de directivos y cursos de comunicación.

10.

Crisis.
El discurso
de crisis

"El mejor de los líderes no es el que hace cosas grandes, sino el que lleva a que su equipo haga cosas grandes."

Ronald Reagan, presidente de EE. UU. (1981-1989)

Las crisis son el momento de la verdad, que permiten comprobar de qué pasta estamos hechos. En las crisis descubrimos héroes como Chesley "Sully" Sullemberg (derecha), el piloto que en 2009 supo amerizar en el río Hudson su avión averiado, y salvó a todos sus pasajeros y a la tripulación. También reconocemos villanos como Francesco Schettino (izquierda), el capitán del crucero Costa Concordia que volcó en 2012 por culpa de su imprudencia, y responsable de la muerte de 32 personas.

El discurso de crisis

Si en situaciones normales el buen liderazgo se manifiesta hablando en primera persona de las necesidades de una sociedad o un entorno, de los planes y objetivos de la empresa, y de las motivaciones y resistencias propias y ajenas, en una crisis la necesidad de dar la cara y explicar lo que pasa es aún más acuciante.

En esas circunstancias, es ineludible comunicar persuasivamente con el propio equipo, al resto de los empleados, a los accionistas, a los clientes, a las autoridades públicas, a los medios de comunicación y a los que nos siguen en redes sociales. Todos necesitan ver que somos conscientes de que hay un problema grave y que estamos haciendo todo lo necesario para resolverlo. En crisis, el silencio no funciona.

Sin embargo, las crisis implican mucha tensión para quien tiene que hablar en público: las expectativas son desproporcionadas, los riesgos ante una equivocación se multiplican, y las presiones internas y externas son enormes. La gente espera que les contemos inmediatamente qué está sucediendo, a pesar de que rara vez los responsables tienen toda la información... Es difícil tener los nervios de acero para no dejarse llevar de las emociones, sobre todo cuando la actividad de la empresa ha causado víctimas.

Por si fuera poco, cada crisis es como una huella dactilar: no hay dos iguales. ¿Es posible tener una falsilla de lo que debería decir en una situación crítica?

La respuesta es sí: podemos proponer un esquema de un discurso de crisis porque, aunque la respuesta empresarial concreta varía en función de las circunstancias, lo que no cambia son las preguntas que tenemos que responder. Nuestros grupos de interés tienen siempre las mismas preocupaciones, expectativas y aprensiones, que han de dictar el contenido de nuestro discurso e incluso el orden de lo que decimos.

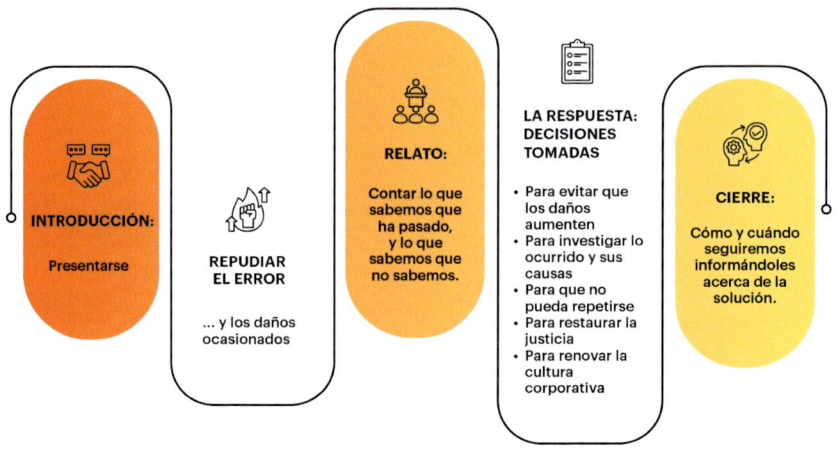

GRÁFICO 1

Paso 1: Repudiar los daños provocados por la crisis

El primer elemento de la respuesta pretende *conectar emocionalmente con la audiencia*, manifestando de manera elocuente que se repudia lo ocurrido, que siempre es malo. Los que nos escuchan quieren sentir que se lamenta lo sucedido y los daños ocasionados:

no si se es culpable o responsable de los hechos, sino que nos due-len... aunque nada tengamos que ver con ellos.

En este momento inicial es también adecuado conectar lo que está pasando con la identidad y el propósito corporativo. Es decir, no solo nos lamentamos de que alguien sufra sino de que eso nos afecta, porque nosotros defendemos el valor que queda lesionado en ese sufrimiento: que nos duele que un trabajador haya resultado herido porque es uno de los nuestros, pero también porque para nosotros la seguridad de los empleados es fundamental.

Dependiendo de cada crisis, el principio al que apelar es distinto: la libertad, la defensa de los clientes, la integración y la lucha contra la discriminación, el cuidado del medio ambiente, etc. Esta mención es importante porque da el marco de interpretación (no es algo querido ni mucho menos frecuente, sino una excepción accidental), no solo para los de fuera sino también a los de dentro.

2. El relato

A continuación viene la *explicación de lo sucedido*, que sirve como interpretación oficial de los hechos. Se debe proporcionar una narrativa lógica de lo sucedido, de las causas que intervinieron, y de lo que se está haciendo en estos momentos.

Durante una crisis hay varias versiones de los hechos, que compiten entre sí. Por eso es relevante que la versión institucional triunfe, los públicos la hagan propia y la repitan, pues la narrativa condiciona el marco interpretativo y el rol de los otros actores en la escena pública.

Una narrativa no es solo una cronología de hechos, sino que va más allá: atribuye roles a los protagonistas. En un relato hay héroes, villanos, víctimas, testigos, autoridades, cómplices, expertos... Los roles son fundamentales, definen cuál es nuestro papel en lo ocurrido. La gente no procesa datos sino emociones. A veces parece que preguntan: ¿qué ha pasado aquí? Pero en el fondo, lo que piensan es: ¿de qué lado me pongo? Por eso es tan importante proporcionar los datos con una narrativa.

En ese relato, contamos lo ocurrido por orden cronológico, y distinguiendo lo que sabemos a ciencia cierta, lo que es probable, y lo que no sabemos aún y vamos a investigar. No hay que tener empacho de reconocer ignorancia: al contrario, conviene rechazar la tentación de presentarse como si controlásemos la situación.

3. Decisiones operativas

A continuación, el orador enumera las acciones concretas que la organización ha tomado, o está considerando tomar, para enfrentarse a la crisis. Son al mismo tiempo acciones y comunicación: se toman y se comunican, pues solo así son eficaces. Y enuncio solo los objetivos: cada caso requerirá iniciativas distintas.

a) Medidas para resolver

Las primeras se dirigen a resolver el problema en su inmediatez: adoptar medidas inmediatas para interrumpir los efectos negativos sobre las víctimas y sobre los públicos, y bloquear el efecto dominó: parar la producción de un producto bajo investigación y anunciar la recogida de los que fueron vendidos; confiar a alguien la atención de las víctimas (por ej., organizar el viaje de sus familiares al lugar del siniestro); apartar de sus funciones a los presuntos implicados, etc.; y hacerlo sin retrasos.

Lo material es importante, pero lo emocional no le va a la zaga... y a veces nos olvidamos, o pensamos que es algo privado, en lo que las organizaciones no deben entrar, y no es así. Ante el dolor agudo de la pérdida de seres queridos, es relevante facilitar el duelo, que en parte es privado y en parte público. Esto es archisabido en las instituciones públicas (los funerales de Estado), pero menos en las empresas. Por eso, respetando la intimidad, la libertad religiosa y los deseos de las personas, hay que saber ofrecerlos, para que ellos decidan el qué, el cómo y el cuándo.

b) Medidas para investigar

Las segundas se dirigen a conocer lo ocurrido y sus causas. Cuando no están claros los hechos y lo que los provocó, hay que decidir y anunciar (en este orden) que se emprenderá una investigación para dilucidar lo ocurrido, y que la organización está decidida a llegar hasta el fondo de la cuestión (si es que lo está, claro...).

Cuando el liderazgo en la respuesta a la crisis corresponde a las autoridades (un accidente de tren, por ejemplo), la investigación está también a cargo de esa autoridad. En esos casos, la organización decide y anuncia (por este orden) su plena colaboración con la investigación oficial. Solo caben investigaciones internas para aspectos no ligados directamente al accidente.

Por ejemplo, el ente de seguridad del transporte ferroviario investigará si la locomotora accidentada había pasado todas las revisiones y los recambios estaban homologados, mientras que la empresa propietaria deberá investigar quién y por qué no se compraron recambios originales. Lo mismo vale para un fraude: la policía investigará si el administrador de la empresa tuvo cómplices cuando robó dinero de la caja, pero la organización revisará el proceso de selección, contratación y formación de ese administrador, por si hubiera habido negligencia, o simplemente para escarmentar y mejorar.

Cuando los hechos son privados, entonces sí corresponde a la organización la responsabilidad de investigar. Puede encargarse a alguien de dentro, a no ser que los grupos de interés puedan sospechar que la cúpula de la organización esté implicada por acción u omisión, y por eso podría eliminar pruebas que les comprometen. En este caso, la investigación debe de encargarse a terceros independientes. De lo contrario, será difícil que los resultados de la investigación sean creíbles.

c) *Medidas de reforma*

El tercer conjunto de decisiones se dirige a la *reforma interna*: qué es necesario cambiar en la organización de modo que no pueda volver a suceder.

Son medidas frecuentes en este campo cambios en los procesos de selección de personas, protocolos más estrictos en la contratación de bienes y servicios, aumento de las medidas de seguridad para los empleados, mejoras en los controles de calidad, etc.

d) *Medidas para restaurar la justicia*

El cuarto grupo de medidas que hay que anunciar se refieren a los daños a personas físicas, jurídicas o a la colectividad en su conjunto. En algunos casos se tratará de volver a la situación anterior, cuando esto es posible (por ejemplo, si una fábrica de embutidos hubiera contaminado un río, deberá limpiarlo y recuperarlo). En caso de ofensas al buen nombre de alguien, hay que devolver la fama a quien se ofendió injustamente. Y cuando no se puede recuperar lo perdido, se ha de ofrecer una compensación por el mal causado.

Restaurar la justicia incluye también que, una vez probadas las responsabilidades, se sancione a los culpables por acción o por omisión. Castigar al que yerra es parte inseparable de la justicia.

A veces la sanción que puede imponer una empresa puede ser solo simbólica: por ejemplo, retirar una condecoración. Pero las sanciones simbólicas son sumamente importantes, porque hablan elocuentemente de las propias prioridades.

e) *Medidas de renovación corporativa*

El último grupo de medidas tiene como objetivo *renovar* la cultura corporativa: recuperar los principios y los valores institucionales fundamentales que dieron origen a la institución.

Estas medidas son necesarias cuando las acciones que causaron la crisis fueron violaciones muy graves de la confianza con los públicos. Entonces, no solo hay que reformarse, sino proceder a una especie de refundación, que proporcione una nueva vitalidad y un renovado sentido de misión al personal y al resto de los públicos prioritarios alrededor de la identidad originaria de la institución.

Ejemplos de este tipo de medidas son programas de formación interna, la redacción de un código ético, el cambio del sistema de incentivos, etc.

4. Cierre

El discurso de crisis termina recordando los principios identitarios que inspiran a la organización, que ya se explicitaron al inicio. Es como una promesa a los que nos escuchan, porque en una crisis duele lo ocurrido, pero preocupa sobre todo lo que pasará en el futuro. Necesitan escuchar de nosotros quiénes somos, porque en las crisis no solo nos escuchan quienes nos conocen bien, sino que lo dramático de lo ocurrido atrae la atención de otros muchos que nos desconocen.

Por último, anunciamos cómo y cuándo daremos más información: por ejemplo, una próxima rueda de prensa, una página web dedicada a la evolución del problema, etc. La respuesta a las crisis no es instantánea, se desarrolla a lo largo de un periodo de tiempo, y tenemos que satisfacer el derecho a saber de nuestros grupos de interés.

Hasta aquí la estructura del discurso de crisis. Pero no perdamos de vista que lo que más cuenta no son las palabras de quien habla sino sus acciones. La eficacia del discurso de crisis se basa sobre todo en la credibilidad. La perfección formal del discurso importa, pero más aún todo aquello que suscite confianza en los oyentes.

Dra. Paulina Guzik

Combina periodismo y academia. Dirige la redacción internacional de OSV. Anteriormente, presentó un programa semanal en TVP, la televisión polaca; trabajó en los departamentos de noticias de tres canales de TV, incluyendo CNN en Nueva York.

Cubrió elecciones desde Estados Unidos hasta Rusia y conflictos, incluyendo la intervención rusa en Georgia en 2008.

Como profesora, imparte docencia e investigación en comunicación en la Universidad Pontificia Juan Pablo II de Cracovia, Polonia.

Tiene experiencia asesorando a empresas como consultora de comunicación, especialmente en el sector de la energía del carbón (Węglokoks Energia, Kompania Węglowa), así como a instituciones médicas (ambulatorios y hospitales).

Tiene un doctorado de la Universidad de Varsovia (2015) y un máster en periodismo (2006) y en relaciones internacionales (2007) de la Universidad de Varsovia.

11.

Feedback.
El arte de dar y recibir *feedback*

"Lo que tenemos que aprender a hacer, lo aprendemos haciéndolo."

Aristóteles
(Ética a Nicómaco)

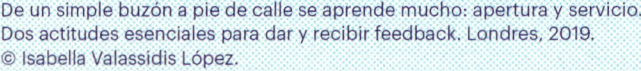

Del saber al hacer: el poder de dar y recibir *feedback*

Estás leyendo un manual de comunicación y has llegado al último capítulo. Las reglas de la oratoria te han quedado claras. Sabes de estructura. Conoces los principios básicos de la comunicación. Sabes distinguir los tipos de discurso. Sabes lo que implica el lenguaje corporal para comunicar.

Sabes. Sabes mucho.

Pero permíteme decirte algo que tal vez no esperas: saber no basta.

Conocer las reglas de la oratoria, dominar la estructura del discurso o entender la técnica del lenguaje corporal no garantiza que sepamos aplicarlo con soltura. La distancia entre el conocimiento y la competencia práctica es mayor de lo que parece. Y, de hecho, es fácil —incluso sin querer— caer en una ilusión de competencia. El efecto Dunning-Kruger, un sesgo cognitivo descrito por los psicólogos David Dunning y Justin Kruger en 1999, muestra que las personas con poca habilidad tienden a sobrestimar sus capacidades[1]. El mejor remedio es poner a prueba lo que sabemos en la realidad.

La práctica hace al maestro. Pero la práctica a ciegas es un camino largo y lento. Si queremos avanzar con rapidez, necesitamos una herramienta que nos indique qué mejorar en la próxima vez, y que además nos enseñe a detectarlo por nosotros mismos. Esa herramienta es el *feedback*: toda información que recibimos acerca de nosotros mismos y que nos ayuda a ver con más claridad cómo impactamos en los demás y cómo podemos crecer.

El *feedback* —ese retorno del boomerang— nos permite asomarnos a la dimensión más importante de toda comunicación: el otro como protagonista.

¿Quieres aprender a hablar en público? Aprende a dar y recibir *feedback*: sobre la oratoria de los demás y también sobre la tuya propia. Ese es el círculo virtuoso del *feedback*: aceptarlo, procesarlo e incorporarlo libremente. Y en ese gesto, nos volvemos más capaces de escuchar, analizar, y poder ofrecerle *feedback* útil a los demás.

1. Recibir *feedback*

Si en comunicación el protagonista es el otro, entonces en el *feedback* lo es quien lo recibe. Por eso, antes de aprender a dar *feedback*, hace falta aprender a recibirlo.

Ser buenos comunicadores implica estar dispuestos a escuchar, aceptar e incorporar *feedback*, empezando por el informal: ese que viene de la audiencia mientras hablamos. ¿Estás atento a sus gestos, risas, silencios? En la serie *Friends*, los episodios se grababan frente a una audiencia en vivo, y si algo no funcionaba, los guionistas reescribían la escena. Como los comediantes, debemos aprender a leer y reaccionar a ese *feedback* en directo.

Luego está el *feedback* formal, el que recibimos al terminar una intervención. Es normal sentirlo como una amenaza: nos ponemos a

---

1 Dunning, D., & Kruger, J. (1999). *Unskilled and unaware of it: how difficulties in recognizing one's own incompetence lead to inflated self-assessments*. Journal of Personality and Social Psychology, 77(6), 1121–1134.

la defensiva, buscamos excusas. Pero esas reacciones son solo el primer reflejo. Lo verdaderamente importante es lo que hacemos después, nuestra segunda reacción: cómo procesamos las observaciones para crecer.

En comunicación, las percepciones son más importantes que los hechos. Por eso, escuchar cómo nos perciben los demás y actuar en consecuencia es una herramienta esencial de mejora. Con el tiempo y la práctica, se acorta la distancia entre la primera y la segunda reacción. Igual que los actores de *Friends* se hicieron más graciosos al entender a su audiencia, nosotros nos hacemos mejores comunicadores cuando incorporamos lo que otros perciben de nosotros.

Nuestra disposición

El otro día, jugando al escondite con mi hija de dos años, conté hasta diez y al abrir los ojos, ahí seguía, encorvada con los ojos tapados justo a mi lado. "Elena, cariño, que cierres los ojos no significa que yo no te vea".

A veces actuamos así con nosotros mismos: evitamos mirarnos de frente, como si eso nos librara de ser vistos por los demás. Pero no ver no es lo mismo que no ser vistos. Por eso, cuando hablamos de *feedback,* hablamos de humildad. La palabra viene de *humus,* tierra. Y ser humilde es, al menos, tener los pies bien puestos en ella. Conocerse de verdad: tanto lo que brilla como lo que falta por pulir.

Una persona humilde se permite ver su realidad completa. Y esa apertura hace más directo y efectivo cualquier proceso de mejora. En cambio, vivir con los ojos cerrados —a ciegas sobre uno mismo— nos vuelve más lentos, inseguros y reactivos. Nos aleja del crecimiento.

Consejos para recibir *feedback* como un profesional

Escuchar activamente: escuchar por dentro y por fuera. Sin interrumpir, apagando el monólogo interior que rebate al que habla. Escuchar para comprender, no para contestar. Incluso cuando no estemos de acuerdo. Escuchar ya es avanzar.

Tomar notas y reflexionar luego: hay ideas que en el momento podemos no entender, pero días después *hacen clic*. Apuntar nos da la oportunidad de ver patrones y descubrir el recorrido de mejora que hemos conseguido gracias a los consejos de los demás.

Agradecer: decir "gracias" siempre es la mejor respuesta. No damos *feedback* sobre *feedback* recibido. Desarrollar el hábito del agradecimiento es una de las mejores formas de fomentar que nos sigan dando apuntes valiosos.

Ejecutar cuanto antes: mientras más rápido pongamos en práctica los consejos que nos han dado, más capacidad tendremos de comprender las recomendaciones. Es una forma fácil de comparar la diferencia en los resultados con mayor precisión[2].

Generar ocasiones de recibir *feedback*

Un buen orador se reconoce por su apertura al *feedback*. Lo busca, lo provoca, lo agradece. No espera a que llegue, lo pide. Crea tu propia red de *feedback*. Un entramado de personas con las que cuentas para que te den feedback valioso.

Sheila Heen, coautora del libro *Thanks for the Feedback: The Science and Art of Receiving Feedback Well*, recomienda evitar a toda costa pedir *feedback* con la pregunta genérica "¿tienes algún *feedback* para mí?", ella recomienda preguntar de forma específica, en nuestro caso podría ser: "¿podrías decirme una cosa que me ves hacer que entorpece mi presentación?".

Lo ideal es que las preguntas que hagas cambien con el tiempo según los objetivos que te marques para mejorar.

2. Una palanca de mejora en la oratoria: observar y analizar

Para ayudarte a analizar el discurso de otros, o tus propias intervenciones, aquí tienes una guía sencilla.

---

2 Kolb, D. A. (1984). *Experiential learning: Experience as the source of learning and development*. Englewood Cliffs, NJ: Prentice Hall. Kolb sostiene que el aprendizaje se consolida al transformar la experiencia en acción, y que aplicar lo aprendido de forma inmediata refuerza la comprensión y la retención del conocimiento.

La radiografía: Guía práctica para analizar un discurso

A. Inicio: Un buen inicio no solo presenta el tema: genera expectativa, abre puertas.

- *¿El orador captó mi atención desde el primer momento?*
- *¿Hubo un "gancho" eficaz (una pregunta, imagen, dato o historia que me hizo querer seguir escuchando)?*

B. Cuerpo: Aquí observamos la lógica interna del discurso, su capacidad para sostenerse con orden.

- *¿El discurso seguía la estructura adecuada?*
- *¿El mensaje era coherente en todas sus partes?*
- *¿Usó transiciones claras entre secciones o ideas?*
- *¿El tiempo dedicado a cada parte era proporcional a su importancia?*

C. Cierre: Lo último que escuchamos y lo primero que recordamos.

- *¿El final fue memorable?*
- *¿Todo el discurso mantuvo la coherencia de principio a fin?*
- *¿Me dejó una reflexión, una imagen o una llamada a la acción?*

D. Forma: La forma también comunica. A veces, más que el contenido.

- *¿Cómo utilizó su voz? (volumen, ritmo, pausas, entonación)*
- *¿El lenguaje corporal (mirada, gestos, postura, dominio del espacio...) acompañó y reforzó el mensaje o lo contradijo?*
- *¿El discurso tuvo una duración apropiada?*
- *Si aplicara ¿usó recursos visuales o materiales de apoyo con criterio?*

E. Impacto: La verdadera prueba de un discurso está en su huella.

- *¿Qué emoción me provocó a mí y al resto de la audiencia?*

- *¿Qué idea me llevé grabada?*

- *¿Qué recuerdo unas horas después?*

3. Dar *feedback*: un acto de servicio

Dar *feedback* es un acto de servicio. Implica humildad para reconocer que no somos los protagonistas, respeto por la persona que tenemos delante y una escucha activa que nos permita entender dónde está y cómo podemos ayudarle a avanzar desde ese punto.

El *feedback* debe ser...

Concreto y específico: Evita frases imprecisas como "estuvo bien el discurso" o "no me convenció". Ofrece ejemplos precisos que permitan al otro identificar qué funcionó y por qué. Recuerda que el propósito del *feedback* es orientar la práctica para que sea de calidad. Decir "me gustó tu intervención" no ayuda. Decir "lograste captar la atención desde el principio al usar una anécdota personal" sí.

Equilibrado: Destacar aciertos y señalar mejoras con propuestas claras. Es fundamental dar espacio a las fortalezas para reforzarlas y potenciar lo que naturalmente se le da bien a quien tenemos enfrente[3].

Oportuno: El mejor momento para dar *feedback* es cuando la experiencia aún está viva en la memoria. Las emociones están frescas y los detalles presentes. Ten siempre en mente que hay recomendaciones que es mejor dar únicamente en privado.

Personalizado: El *feedback* no es talla única. Hay personas que agradecen una retroalimentación directa y otras que necesitan un enfoque más progresivo. Los buenos trajes se hacen a medida.

Alentador: Dar *feedback* es una forma de decirle al otro: *creo en tu capacidad de crecer*. Quien da buen feedback se convierte en un ex-

3 Drucker, P. F. (1999). *Managing oneself. Harvard Business Review*. Drucker subraya que conocer las propias fortalezas —y trabajar desde ellas— es mucho más eficaz que intentar compensar debilidades. Mejorar lo que ya hacemos bien puede llevarnos de lo bueno a lo excelente con mucho menor esfuerzo.

perto en descubrir el potencial de los demás. Dar *feedback*, incluso al señalar errores, es siempre un acto positivo: busca abrir caminos, reforzar fortalezas y acompañar el crecimiento del otro.

Un formato efectivo para dar *feedback*

A diferencia de un discurso *logos*, el *feedback* no tiene una estructura exacta e infalible sobre la que asentarse. Hay ocasiones en que el *feedback* podrá ser sólo una recomendación de mejora y el refuerzo de una fortaleza porque lo consideremos suficiente para la persona a quien estamos atendiendo.

Sin embargo, hay una estructura muy habitual y bastante simple que podemos seguir: es la técnica 3x3: tres aspectos que funcionaron bien, tres aspectos a mejorar.

Un ejemplo de este tipo de formato sería:

"(+) Lo que más me gustó fue tu capacidad para conectar con el público desde el inicio, utilizando un momento en el tiempo que nos trasladó exactamente donde tú te encontrabas. (++) También lograste mantener la tensión narrativa empleando de forma magistral el suspenso al no decirnos quién era el responsable de lo que ocurría. (+++) Tu cierre fue inspirador, nos regresaste al momento en el tiempo del inicio, haciendo un cierre *omega* que nos permitió cerrar el círculo y quedarnos sorprendidos con la resolución del conflicto.

Ahora, para mejorar el discurso, (-) podrías trabajar en ralentizar el ritmo en los momentos clave utilizando algunos silencios, (--) articular mejor las cifras con una entonación más potente de la voz, para darle fuerza e importancia a los números, que en el caso de tu discurso no pueden perder fuerza al lado de la historia (---) cuida el movimiento de tus manos, recuerda que los movimientos también hablan y si haces gestos sin sentido o de forma inconsciente, distraes a tu audiencia.

¡Excelente trabajo! Tienes talento para contar buenas historias, refuerza lo que te comento y verás cómo crece tu capacidad (*Cierre motivador*)".

4. Más ejemplos de la vida real

Ejemplo 1: *Feedback* a un orador nervioso pero claro

Laura dio una charla sobre educación emocional utilizando la estructura ethos o "discurso del líder". Estaba visiblemente nerviosa, pero su contenido era profundo y su estructura clara

Feedback:

"Laura, conectaste con tu tema de forma muy auténtica y nos diste ejemplos específicos de tu labor profesional. Utilizaste la estructura pasado-presente-futuro de manera adecuada y lineal.

Trabaja en usar más pausas para respirar y proyectar calma, recuerda que mientras más rápido hablamos más trasladamos la sensación de nervios. Otro aspecto a trabajar es que dediques más tiempo del discurso en el "futuro". Pasas mucho tiempo en el "presente" describiendo el problema, que tu audiencia ya lo conoce, y muy poco esbozando el resultado y los beneficios de aplicar la propuesta que planteas.

Tu mensaje es coherente, y si logras acompañarlo con una presencia serena, ganará fuerza. Tú eres tu mensaje, ¡ánimo!"

Ejemplo 2: *Feedback* a un orador entusiasta pero desordenado

José presentó una idea de emprendimiento. Su energía era contagiosa, pero el discurso se desorganizó en varios momentos.

Feedback:

"José, tienes una energía que arrastra, miras a la audiencia, te acercas, tienes dominio del espacio.

Te animo a dedicar más tiempo a planear la estructura de tu discurso, la historia que debería ir del punto A al punto B, da demasiados giros y nos hemos perdido en el camino. Resume y sintetiza la historia para que refleje mejor el potencial de tu negocio.

La energía y la confianza que tienes necesitan de una estructura sólida de discurso logos para reflejar las razones por las que tu producto es mejor que otros. Si además utilizas las herramientas de *storytelling* para la apertura será la combinación exacta para que tu fuerza y tu entusiasmo tengan un cauce claro y no se diluya tu mensaje".

5. Ejercicios prácticos

Ejercicio individual: *Diálogo con tu propia voz*

Objetivo: Fortalecer la autopercepción y entrenar la capacidad de autoevaluación con base en criterios objetivos. **Duración:** 15 minutos. **Instrucciones:**

1. Graba una intervención breve sobre un tema que domines que dure entre 3 y 5 minutos.

2. Mírala dos veces: La primera, sin tomar notas. Solo observa, aplicando la escucha activa en los tres niveles: emocional, técnica y estratégica. La segunda, aplica la guía de evaluación anterior (inicio, cuerpo, cierre, forma, impacto).

3. Escribe:

- Tres cosas que hiciste bien (con ejemplos específicos).

- Dos áreas de mejora concretas.

- **Una** acción que vas a implementar en tu próxima intervención.

Opcional: Repite el ejercicio unos días después con una nueva grabación, y compara.

Ejercicio en grupo: *El termómetro de impacto*

Objetivo: Entrenar la escucha crítica, la formulación de *feedback* específico y la receptividad al *feedback* grupal. **Duración:** 45 minutos. **Instrucciones:**

1. Un voluntario expone un tema durante 3-4 minutos.

2. El resto da feedback al orador.

3. Cada uno tiene un turno para exponer y recibir el feedback del grupo.

4. Cuando todos han intervenido cada uno dice qué comentario le resultó más útil.

5. Cada persona escribe una acción que se compromete a implementar en su próxima intervención.

Conclusión:

"Lo que tenemos que aprender a hacer, lo aprendemos haciéndolo", decía Aristóteles.

Este capítulo, espero, haya sido para ti una invitación a transformar el conocimiento en acción, y la acción en hábito. Saber no basta: necesitamos practicar, observar, escuchar, corregir y volver a intentar.

El *feedback*, en todas sus formas, es el *omega*, el cierre del círculo, la información que necesitamos, para que nuestro "hacer" nos acerque cada vez más— al objetivo de convertirnos en excelentes comunicadores.

Película (o video corto): **El discurso del rey (*The King's Speech*)**. Una película espectacular y un gran ejemplo de cómo el *feedback*, aplicado con sensibilidad y constancia, puede desbloquear el potencial comunicativo de una persona. Toda la película es valiosa, pero una alternativa es ver este breve clip (https://youtu.be/7WJtsOgKCRM).

Clip (duración aprox. 4min): **Mr. Keating y el poema de Todd**. Una escena conmovedora en la que el profesor Keating (Robin Williams) guía a un alumno a encontrar su voz propia. Su forma de dar *feedback* es un ejemplo brillante de cómo crear un entorno seguro, alentador y desafiante al mismo tiempo (https://youtu.be/IrvMrf-Pjhw).

PD: si tienes feedback sobre este capítulo, me encantaría escucharlo, leerlo, conversarlo[4].

4 Estoy a un mensaje de LinkedIn (Isabella Valassidis) de distancia.

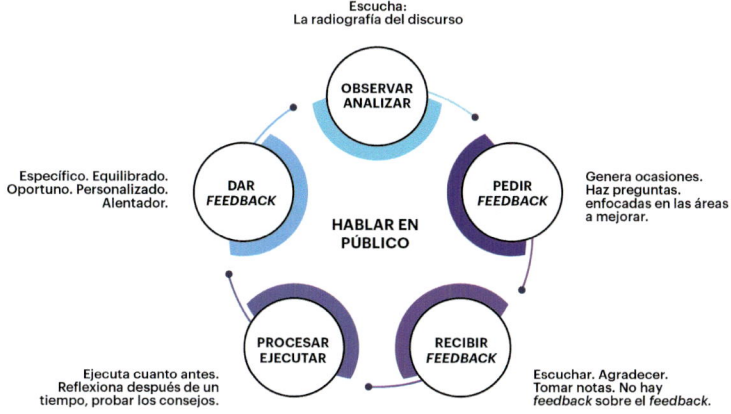

Isabella Valassidis

Experta en comunicación estratégica con más de una década de experiencia asesorando a profesionales, directivos y emprendedores.

Máster en Gestión de Empresas de Comunicación por la Universidad de Navarra, ha dedicado su carrera a mostrar cómo la comunicación impulsa el crecimiento personal y profesional.

Actualmente es Coach de Public Speaking en IESE Business School y se dedica a la gestión de la comunicación en el sector educativo.

Cupón para la Biblioteca Virtual

Accede a la versión eBook de este título por solo **1,99 €**. Con la compra de este libro puedes utilizar el siguiente cupón para la lectura en *streaming** desde la Biblioteca Virtual. **Sigue estas instrucciones** para visualizar tu libro:

1. Dirígete a la web de la Biblioteca Virtual en **https://ebooks.eunsa.es**.

2. En la web ve a **Iniciar sesión** e introduce tu email y contraseña. Si no estás registrado, deberás completar el proceso en **Registrarse**.

3. Tras registrarte, accede a la página del libro o lee el QR de esta página. Bajo el precio podrás **insertar el código oculto en el siguiente cupón** para activar la promoción.

Despegue para visualizar

Acceso directo al eBook

No se admitirá la devolución del libro si el código promocional ha sido manipulado.

Canjéalo en ebooks.eunsa.es

*Con acceso a internet desde cualquier navegador.